한 폭의
수채화

서대화 수필집

교음사

| **책을 내며** |

    등단을 하고 20년이 넘게 수필과 함께 살아왔지 싶다. 좋아하는 수필을 읽고, 수필을 구상하고, 수필적 상상에 젖기도 하면서 내 글도 가끔씩 문예지에 발표해 왔다. 그렇게 읽고 쓰고 하는 동안 빠른 세월은 어느덧 나를 원로 작가의 반열에 데려다 놓았다.
    좋은 작가가 되려면 수필 같은 삶을 살라고 일러주신 선배작가의 가르침을 기억한다. 그러나 어디 삶이 그리 품위 있거나 감동적인 일상들로만 이어지던가. 희망 고문으로 끝난 일들도 많고 새로움보다는 타성에 젖은 평범한 생활의 연속이었다. 그런데 생각해보니 그 평범한 삶이 얼마나 감사한 일인가도 깨닫게 되었다.
    글을 자주 쓰지 못한 것은 나의 투철하지 못한 작가정신 탓이기도 하지만 메마른 내용의 글은 쓰다가도 그만둔 경우가 많다. 사물에 대한 비판이나 부정적 내용보다는 되도록 착한 글, 긍정적인 내용의 주제를 찾으라며 수필의 색깔을 입혀준 맹명희 선배작가의 조언은 내가 쓰는 수필의 모티브가 되었다. 그러나 심금을 울리는 수필 같은 삶이 아닌, 너무나 평범한 사람의 평범한 글이라 세상에 내놓기에는 좀 부끄러운 마음이 든다.

첫 번째 수필집 『휘파람새의 전설』을 내고 십여 년이 지났는데 마침 예술인 복지재단에서 창작 지원금과 함께 용기까지 얹어주어 이 책을 발간하게 되었다. 애써주신 이민호 선생의 도움이 있어 고맙고 특히 류진 편집국장의 노고에 감사드린다.

  모처럼 상재(上梓)한 내 두 번째 수필집 『한 폭의 수채화』가 독자들 서가에 꽂혀 있지만 말고 다 읽히는 책이 되었으면 좋겠다. 자녀 후손들에게는 조상 중 한 어른이 살아온 사유의 흔적으로 알고 공감, 한 세대쯤 지난 뒤에 또다시 읽게 된다면 그리운 시절이 눈앞에 삼삼하지 않을까.

  내가 쓰는 글의 신실한 독자들이며 거의 평생을 함께하면서 노년의 길도 고상하게 동행해 온 광림남성성가단 형제들과의 귀한 우정이 고맙다. 축하와 격려의 글을 보내주신 도한호 총장님께 감사한 마음을 드리며 그 어른께 받은 인문학적 영향력으로 좀 더 깊이 있는 글을 쓰고 싶다.

2024년 3월. 稻雲 서대화

차례

› 책을 내며

1. 두 분의 해후

더 중요한 것 … 16
나눔 완성 … 21
과꽃 … 26
내 이름을 말한다 … 29
고추모종과 월드컵 … 34
엄마의 숨소리 … 39
눈 내리는 밤 … 45
한단지몽(邯鄲之夢) … 50
판문각 북한 병사 … 55
이상한 일 … 60
두 분의 해후 … 65

2. 한 폭의 수채화

서울에서 길 찾기 … 72

비를 맞다 … 77

몽유도원도(夢遊桃源圖) … 82

간병일지 … 86

겉볼안 … 90

플라톤과 나의 행복 … 95

흐르는 구름은 … 100

한 폭의 수채화 … 104

나는 휘파라미스트 … 109

아내의 수술 … 114

사돈과 가까이 지내기 … 119

3. 노인 흉보기

미리 낸 부의금 … 126
저것을 어떻게 할 것인가 … 131
위치추적 … 135
초부 시인(樵夫 詩人) … 140
낚시 유혹 … 146
내 주치의 … 152
마지막 양식 … 157
만추의 주산지 … 162
진찰 받던 날 … 167
노인 흉보기 … 171
잘못 배달된 문학 … 176

4. 11월의 노래

고마운 통증 … 182

골동품상에서 … 187

꽃잎은 하염없이 … 193

만년필이다 … 198

모과 도둑 … 204

어떤 결혼식 … 209

메아리 같은 … 211

부족한 자화상 … 216

아빠는 3급 … 220

사돈의 눈물 … 225

11월의 노래 … 230

출간을 축하하며 … **도한호** … 234

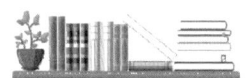

1

두 분의 해후

더 중요한 것

태재고개에서 분당 방면으로 내려가는 도로는 교통량에 비해서 흐름은 원활한 편이다. 열병합 발전소의 높은 굴뚝을 왼쪽에 두고 페달을 밟는 사이에 고풍스러워 보이는 요한 성당을 지난다. 메타세쿼이아 가로수가 잘 정돈된 도로를 주행하면서 차량의 계기판을 확인하지 않는다면 지정 속도인 시속 60km를 위반하기 십상이다. 오포면에서 분당 성남 방면으로 진입하는 중요한 길목이다.

이곳은 내리막길이라 자칫 과속하는 쾌감에 빠지기 쉽다. 세상을 모범적으로만 살아온 사람이거나 자동차 운전에 지혜롭고 능숙한 사람들이라면 이런 도로일수록 조심하며 정해진 법규를 잘 지킨다. 혹 졸음운전의 유혹에 넘어간 이들은 이성적 판단을 할 수 없어 신호등도 안내표지판도 다 소용이 없다.

며칠 전 오후 두 시쯤 차를 운전하며 이 길을 지나게 되었다. 점심을 먹고 난 뒤라 나른함에 조심해야 할 시간이다. 율동공원 앞을 지나 신호등이 붉은색으로 변하자 차량들이 멈춰 선다. 나는 돌마로 방향으로 우회전할 목적으로 3차선을 주행하다가 적색 신호로 정지했다. 그 순간 2차선으로 주행해 오던 RV승용차 한 대가 신호 대기 중이던 고급 승용차를 사정없이 추돌하는 사고를 일으켰다. 피해 차량의 뒷부분과 가해 차량의 앞부분이 반쯤 날아가는 사고를 눈앞에서 보면서 처음 겪는 사고 장면 목격으로 큰 공포감에 싸였다. 피해 차량은 저만큼 튕겨나가 인도 쪽으로 멈춰 섰고 가해 차량은 내 차 앞을 가로막아 겨우 멈췄다. 요란한 충돌음과 함께 유리조각과 깨어진 플라스틱 파편들이 주변으로 어지럽게 흩어졌다.

바로 옆 차선에 서 있던 내 차는 다행스럽게도 아무런 피해가 없다. 사고 차량 두 대를 눈여겨보니 차내는 조용할 뿐 움직임이 없다. 엔진 부위도 상했을 테니 화염에 싸일 수도 있는 순간이다. 내 차를 안전한 곳에 주차시켜 놓고 사고 차량으로 다가갔다. 혹시 인명피해가 있어 도움이 필요할는지도 모른다는 걱정으로 접근했다. 마침 가해 차량의 문이 열리더니 이마 부분에 피를 흘리는 운전자가 밖으로 나오면서 황당한 표정으로 변명하듯 말한다. "깜빡 졸았어요." 졸음운전으로 인한 사고라며 정확한 발음으로 말한다. 잠깐 들여다 본 차내 앞좌석에는 바람 빠진 에어백이 사명을 다하고 널브러졌다. 이것이 작동한 덕에 심한 부상은 당하지 않은 것 같다.

  피해 차량의 문을 열려 했더니 문짝이 파손된 탓에 반쯤만 열린다. 좁은 틈새로 운전자 여인이 보인다. 그녀는 잠깐 정신을 잃었다가 깨어난 듯 나를 보면서 "이게 대체 어떻게 된 거예요?" 크게 추돌사고가 났다는 사실조차도 깨닫지 못할 만큼 정신을 차리지 못한다. 피는 흐르지 않는 것으로 보아 외형적 상처는 없어 보인다. 잠시 뒤 경찰차가 도착하는 것을 확인하고 내 길을 가는데 쉽게 진정이 안 된다. 큰 사고를 목격하면 페달 밟는 발이 떨린다더니 그게 사실이다.

  시간이 지나 평정심을 찾자 좀 전에 목격한 사고가 남의 일이라고만 생각하면 안 될 것 같다. 가해 차량이 만약 내가 진행하고 있는 차선으로 오다가 마음 놓고 내 차를 추돌했다면 어찌되었을까. 피해 차량은 튼튼한 고급 승용차이니 웬만한 충격에는 견딜 만했을 것이다. 그런데도 뒷부분 반쯤이 파손된 것을 생각할 때 상대적으로 작은 내 차는 반파 이상의 충격으로 운전자의 목숨까지도 온전했을 것이라고 장담할 수가 없다.

  교통사고는 나 혼자만 조심한다고 안전한 것은 아니다. 사방 어느 곳에서 예고 없이 덮치는 사고를 어떻게 피할 수 있을까. 길을 걷거나 횡단보도를 건너다가도 혹은 찻집에 앉아있을 때 유리벽을 뚫고 들이닥치는 자동차에 의해서도 피해를 당할 수 있다. 얼마 전에는 무심하게 인도를 걷던 어린 학생들이 음주 운전자가 일으킨 사고로 숨진 사건도 발생했다. 사고는 내가 잠든 사이에도 일어나고 전혀 예상치 않은 장소와 시간에도 일어나는 끔찍한 불행이다.

행운 또는 불운에 대해서 가끔 생각할 때가 있다. 나는 여기까지 살아오면서 뜻밖의 행운으로 만족해한 적이 없다. 푸짐한 행사의 경품잔치에서도 당첨된 적이 없다. 이제는 마음을 비우니 섭섭할 것은 없어도 내 이름이 불려 본부석 앞으로 뛰어나가 받은 경품을 두 손으로 번쩍 들어 올려 폼나게 제스처 한 번도 하지 못한 것이 아쉽기는 하다. 재미로 긁어보는 스포츠 복권의 행운 근처에도 가 본 적이 없어 그쪽 분야에는 관심조차 없어졌다. 그렇다고 별난 불운(不運)으로 인해서 한탄한 적도 없으니 일한 만큼 받았고 받은 만큼 쓰면서 평범한 일생을 살아왔다.

그런데 살다 보니 행운이 비켜 간다면 불운 역시 나를 비켜 간다는 사실을 알게 되었다. 제비뽑기에서 탈락되거나 무작위적 선발에 뽑히지 않은 것을 애석해할 필요는 없다. 별의별 강력사건이 수시로 발생하는 세상에 불특정 다수를 향한 범죄의 대상으로 당첨되지 않은 것은 얼마나 큰 행운인가. 코로나 팬데믹은 발생한 지 4년 가까이 지나 많은 이들이 생명을 잃거나 큰 고생을 했다. 나는 코로나에 걸리는 불운에도 당첨되지 않았다. 코로나로 인해 희생된 사람들이 방역에 무심했기 때문이라고 할 수는 없다. 조심했는데도 감염이 되었고 방심했는데도 무사한 이들도 많다. 철저하게 조심을 하지 않았어도 바이러스는 나를 피해갔다. 마치 경품당첨의 행운이 나를 비켜 갔듯이 말이다.

    교통사고는 정면에서도 일어나고 뒤에서도 일어난다. 경품행사에서 당첨되는 행운은 우연일 뿐 아무것도 아니다. 노력한다고 경품에 당첨될 수 있는 것이 아니듯 교통사고 역시 나만 조심하거나 노력한다고 피할 수 있는 것도 아니다. 경품행사에는 당첨되지 않더라도 불행한 일에 당첨되지 않는 것이 더욱 중요하다.

2023.

나눔 완성

　지하철 출구로 나와 골목길로 접어들 때였다. 대형 약국 앞에 아무렇게나 쌓인 포장용 폐박스를 정리하는 여인이 보였다. 연만하신 이분은 박스를 정리하여 손수레에 싣기를 반복하느라 주변의 시선에는 무관심하다. 바쁜 걸음으로 앞을 지나가던 한 남자 어른이 주춤하면서 그 여인에게로 다가간다. 안주머니에서 지갑을 꺼내더니 만 원짜리 지폐 한 장을 그 여인에게 내민다. 상황을 모르는 여인은 의아한 표정으로 그 남자를 바라본다. "얼마 안 되지만 아침 식사라도 하세요." 그제야 사태를 파악한 여인은 돌아서며 아니라며 극구 사양한다.

　여인은 결국 남자에게 고맙다는 인사를 하며 받는다. 노년에 접어들었을 이 남자는 이른 시간에 수고하는 여인의 모습을 보면서 아침식사도 걸렀겠다 싶어 측은지심이 발동했을 것이다. 내가 가진 것으로 남을 돕는다는 행위는 습관이 되어 익숙해지지 않고는 쉽게 할 수 없는 일이다. 내 것 중 일부분을 떼어 모르는 여인에게 식사대로 드리는 남자의 모습을 보면서 신선한 자극을 받았다. 그와 같은 생각조차 하지 못하는 내 자신이 부끄럽기도 하다. 나 정도의 나이에 수수한 옷차림과 철 지난 운동화를 신은 것으로 보아 크게 부유한 인생처럼 보이지도 않는 그의 행동이 차가운 초겨울 아침에 마음을 따듯하게 한다.

사랑은 받을 때보다 줄 때에 더 행복한 것. 재물은 쌓아 둘 때보다 조건 없이 남에게 베풀고 나눌 때에 더 행복해지는 것. 어떤 자료에서 보니 가진 것을 나누는 것은 내 것에서 하나를 빼내는 것이 아니라 오히려 하나를 더 보태는 시너지 효과로 작용한다는 것이다. 또한 어리석은 자는 오로지 자신만을 생각하지만 현명한 자들은 기부와 나눔을 통해서 주는 자와 받는 자 모두가 행복해지는 선행을 선택한다고 정의한다.

까치밥은 우리 민족에게만 있는 귀한 나눔의 풍습이다. 겨울날 옷 벗은 감나무 맨 꼭대기에 빨갛게 익은 홍시 서너 알이 매달려 서정시의 한 구절처럼 마음을 끈다. 펄벅 여사가 한국을 방문했던 1960년 겨울에 농촌을 여행하다가 앙상한 나뭇가지 위에 달려 있는 빨간 홍시 몇 알이 보기에 좋았나 보다. 자신을 안내하는 이에게 물었다고 하지. 저 감은 너무 높아서 딸 수가 없었군요. 안내원이 대답했다. 그게 아니라 겨울에 먹이가 모자라는 까치나 작은 새들의 먹잇감으로 남겨둔 것이랍니다. 이 말을 들은 펄벅 여사는 미물에게도 나눔을 실천하는 우리의 정서에 뜻하지 않은 감동을 받았다는 것이다. 한국의 명승지나 궁궐을 관광하러 온 것이 아니고 저런 풍경을 보고 싶어서 온 것이라 한 그녀의 여행담이 우리를 따듯하게 한다.

공수래공수거라는 말은 새롭지도 깨달음을 주지도 못하는 일상용어가 되었다. 죽은 다음에는 재물이나 권세란 다 헛것이라는 진리에 가까운 사실을 알면서도 베푸는 일에 인색한 것은 인간에게 주어진 선천적 욕심을 버리지 못하기 때문일 것이다. 생전에 그토록 따르던 많은 인맥들, 그 무엇에도 비할 수 없이 소중한 자녀 가족 친척 친구들, 그러나 죽음의 세계에까지 동행하는 이는 아무도 없다. 그런데 오직 하나, 남에게 나누고 베풀어준 선행이라면 죽음 저편에까지 동행하여 그 이름을 후대에 빛나게 할 것이라는 생각에 이르게 되었다.

오래전에 세상을 떠난 한 여인 이야기다. 그녀는 잘 다니던 공무원의 신분을 벗고 기독교 신학을 공부한 뒤 교회의 목회자가 되었다. 30대가 끝날 무렵에 대형교회의 목회생활을 정리하고 춘천 외곽지역에 작은 집 한 칸을 마련해 놓고 무의탁 노인들과 지적 장애우들을 위한 생활보호 터전을 마련한다. 의지할 곳 없는 어르신들과 가정에서 버림받은 장애아동들을 위한 나눔의 동산을 세운 것이다. 혼자 살아갈 수 없는 소외된 이들과 의지할 곳 없는 노인들을 위한 무료 양로원을 운영한다는 것은 갸륵한 일이기는 하나 가지 않아도 좋을 험난한 길을 예상하고 그녀 주변의 많은 이들이 우려했다.

  가족들의 의식주 문제와 처리해야 할 관공서 서류 문제 등 예상했던 것보다도 분주한 생활로 십여 년이 흘렀다. 그녀의 육신은 만성 피로가 쌓여갔을 것이다. 건강에 이상을 느끼고 찾아간 병원에서 돌이킬 수 없이 심각한 선고를 받는다. 운명을 하나님 뜻에 맡기고 기도하면서 투병생활을 이어갔지만 결국 그해 여름 하늘의 부르심을 받게 된다.

  그녀가 설립한 동산 언덕에 묻힌 채 20년이 넘게 흘렀다. 무성한 잣나무가 우거진 숲속을 영원한 안식처로 제공했던 마을 장로님도 노환으로 세상을 떠나가고 그 후손들은 도시에서의 삶을 위하여 임야 등 토지를 모두 매각하고 고향을 등졌다. 땅의 새 주인이 요청하기 전에 여인의 유택을 정리하는 것이 좋겠다는 의견으로 지난가을 무덤을 열고 유골을 수습 화장했다. 단 30분 만에 골분이 되어 돌아온 동산지기 여인의 남은 전부는 진정 흙으로 돌아가는 의식을 치르고 큰 나무 아래에 평토장으로 묻혔다.

  작은 아파트 한 채와 낡은 경차 한 대가 재산의 전부였던 여인. 무의탁 노인들을 위하여 전 재산을 바쳐 일구어 놓은 동산. 그녀가 행한 나눔의 실체는 목숨까지 아끼지 않은 숭고한 밀알이었지 싶다. 더 이상 나눌 것이 없을 때 비로소 나눔은 완성되는 것. 자신의 뼛가루마저 흙과 나무와

땅속 미생물에게 돌려준 여인. 이제는 진정 아무것도 없는 그녀에게 어쩌면 영원히 남아있게 될 복지법인 설립이라는 선행(善行)의 열매만이 그녀를 빛나게 할 것을 믿는다.

그런데 우리 형제들과 그녀를 사랑했던 동산 식구들의 기억 속에 아직도 아프게 남아있는 이 슬픈 마음은 어찌할까.

『수필문학』 2022년 1월호

과꽃

 어느 저녁나절, 모처럼 어릴 적 친구의 전화를 받았다. 지하철역 인근에 자리 잡고 나를 기다린다 해서 하던 일을 정리하고 서둘러 갔다. 몇몇은 이미 소주잔에 취해 어릴 때의 이야기를 하면서 웃기도 하고 심각한 표정으로 고뇌하는 모습도 보인다. 오랜 세월이 흘러 되돌아갈 수 없는 그 옛날을 그리워하는 마음들이 역력하다.
 식사가 끝나고 그냥 헤어지기가 아쉽다며 인근의 노래방을 가자고 한다. 나는 노래를 잘하지도 못하면서 싫어하지도 않아 그냥 따라갔다. 합창단에서 노래를 배우고 익혔어도 누구 앞에 나서기에는 부끄러운 실력이다.
 유행가 「네박자」에 장단도 맞추고 설운도, 나훈아 노래도 부르면서 모두가 흥겨워한다. 노랫말이 주는 의미와 분위기에 따라 즐기거나 향수에 젖기도 했다. 시간은 흐르고 나는 「숨어 우는 바람소리」를 내가 들어도 괜찮게 불렀다. 나에게는 그거 한 곡이 그나마 자신 있는 레퍼토리다. 노래방 예약의 끝 시간이 다가온다.

 조용필의 「친구」를 합창하면서 마치려는 친구들의 의도를 아랑곳하지 않고 나는 동요 「고향의 봄」을 부르기 시작했다. 동요가 주는 순수한 정서 때문일까, 술 마신 친구들의 마음이 차분해 질 무렵, 다시 동요 「오빠 생각」을 예약했다. 합창으로 부른 이 노래가 끝나니 모든 친구들이 옛 생각에 젖는 분위기가 확연해진다.

 이제 그만 끝내고 자리에서 일어나려 할 때, 나는 마지막으로 또 한 곡을 신청했다. 제목은 「과꽃」. 다들 알고 있는 것처럼 이 노래의 가사는 이렇게 시작된다. '올해도 과꽃이 피었습니다. 꽃밭 가득 예쁘게 피었습니다.' 다시 2절 노래가 이어진다. '시집 간지 온 삼 년 소식이 없는 누나가 가을이면 더 생각나요.'

 이런 노랫말이 돌아가신 지 이십 년도 더 지난 내 큰누나가 불현듯 그리워진다. 나는 목이 메어 이어 부르기가 쉽지 않은데 곧잘 노래하던 다른 친구들의 목소리도 점점 잦아든다.

 거기서 노래는 끝이 나고 희미한 조명등에 비친 친구들의 얼굴을 바라본다. 그런데 나는 목이 멜 뿐이었지만 친구들의 눈에서는 굵은 눈물방울이 두 뺨으로 흘러내리고 있었다. 세상 풍파에 칠십 년 넘어 팔십 가깝게 시달려 이제는 감상(感傷) 따위에는 초연해진 것 같아도 우리들의 속마음에는 이렇게 순수한 감성이 타다 남은 불씨처럼 남아 있었던 것이다.

나이가 들어 육신은 늙었어도 인간 본연의 고향은 늘 마음속에 존재하고 있다는 사실을 떠올리며 늦은 밤 귀가를 서둘렀다.

내 이름을 말한다

 내 이름자에는 받침이 없다. 쓰거나 부르는데 어딘가 허전하다는 느낌이 든다. 한문으로 써 보아도 그리 탐탁해 보이지 않는다. 가운데 큰 대(大) 자는 글자의 획수가 적은 탓에 옹골차지 않아 공을 들여 써보아도 옷 벗은 나뭇가지 같아 보기에 썰렁하다.

 이름을 말하려다 보니 내 성품을 공개하지 않을 수 없다. 나는 어떤 일을 빠르게 해치워야 할 때도 급한 성격이 아니다 보니 꼼꼼한 면은 있어도 남들에 비해서 늦어지기 일쑤다. 만약 내가 자동 벨트를 통한 생산라인의 일을 했더라면 빠르지 못한 동작으로 감독이나 상사에게 칭찬 받기는 애초부터 글렀을 것이다.

 우리 가문이 '천천히'라는 의미를 가진 서가(徐家)이기 때문일까. 그러나 가문에 대해서 불만을 가졌거나 다른 성씨를 부러워해 본 적은 없다. 매사에 서두르지 말고 천천히 하라시는 조상님의 가르침일 수도 있다며 깊은 의미를 두기도 했다. 오히려 빨리빨리 서두른 결과 발생하는 뜻밖의 화를 짚어 보면 천천히 하는 것이 오히려 미덕이라는 것을 알게 된다. '빨리빨리'라는 녀석은 '대충대충'이라는 친구를 동반하고 오기가 쉽기 때문이다.

가운데 글자인 큰대(大) 자는 획수에 비해서 의미는 좋다. 무엇이든지 크기 때문에 나쁜 것은 많지 않다. 노력이나 능력에 비해서 큰 결과를 탐하는 욕심을 우리는 경멸하지만 정당하고 합리적인 방법으로 얻어진 큰 것은 좋을 뿐이다. 그런데 한 가지 예외도 있다. 좋은지 나쁜지 판단하기 어려워 온 국민이 혼란에 휩싸인 경우다. 대권은 좋은 것이고 대통령이 된 것은 더욱 경축할 만한 일이나 대 운하건설의 계획에 반대세력도 있다는 것은 결과에 대한 예측이 다르기 때문이다.(오래전 이명박 정부 초기에) 크기 때문에 불리한 결정적인 단점은 날렵하지가 못하다는 것이다. 크기 때문에 빠를 수가 없다.

화(和) 자는 여러 가지의 좋은 의미로 쓰인다. 화목한 가정은 모든 사람이 이룩하고자 하는 덕목이다. 평화로운 나라도 우리가 바라는 이상세계이다. 서로 화합한다는 의미의 이 글자는 화간(和姦)이라는 은밀한 단어마저도 합법적인 사랑의 형태로 표현된다. 그러나 모든 일에 화합하고 화목하며 화간으로 이어지기까지는 오랜 기다림과 내공이 있어야 하니 이 역시 빠른 것과는 거리감이 있는 글자가 아닌가 싶다.

이름자 때문에 날렵하지 못하다는 어릴 적 생각으로 선친께 불만을 제기한 적이 있었다. '항렬의 돌림자인 정(廷)자가 있어 부르기 편하고 발음하기도 좋은 이름을 지을 수 있었으련만 왜 족보와 관련도 없는 이름을 지었나요.' 그러나 그렇게 작명할 수밖에 없었던 연유를 알고부터는 또다시 이의를 제기하거나 묻지 않았다.

아버지는 독자로 태어나서 늦은 나이에 결혼을 하셨다. 첫째와 두 번째도 딸을 얻고 세 번째로 아들을 낳게 되었다. 이웃을 초대해서 백일잔치를 치르고 난 다음 날인데 아이가 심하게 울며 보채더라는 것이다. 의료시설이 낙후되었던 제정 말기의 전쟁 중 상황으로 쉽게 병원을 찾지는 못했을 것이다. 하루 낮과 밤을 울며 보채던 어린것을 업고 일본인이 경영하는 의원에 도착했을 때 아이는 이미 급성 폐렴으로 수명을 다해 가고 있었다. 인자해 보이는 일본인 의사가 혀를 차면서 '조금만 일찍 왔더라면…' 하며 안타까워했다는 것이다. 이 아이는 1943년생 내 형이 되는 셈인데 그는 우리 형제의 돌림자인 정(廷) 자를 넣어 작명을 했었다.

그 무렵, 학식이 높고 세상 명리에 밝으신 집안 어른이 계셨다. 그분의 작명철학에 의하면 우리 형제에게 돌림자를 쓰면 단명할 운명이라는 것이었다. 또다시 득남하더라도 돌림자에서 제외해야 한다며 아버지를 설득하셨다.

그 해에 다시 태기가 있었던 어머니는 이듬해 봄 역시 아들을 얻게 된다. 이름을 무엇으로 지을까 고민을 했을 것이다. 돌림자를 넣었던 것이 실패의 원인이었다면 이번에는 다른 이름을 찾아 신중하게 결정할 수밖에 없었을 것이다.

일제 강점기 창씨개명이 이루어지고 있던 시절에 내가 태어났다. 대구 달성을 본관으로 쓰고 있는 우리도 이미 다쯔모토(達本)라는 낯선 성으로 창씨 되었다. 大和 魂(야마토 다마시)이라는 일본 정신을 부추기던 시기였기에 아버지는 아기의 이름으로 연결시킬 수도 있었을 것이다.

大和 魂이란 일본의 민족정신을 말한다. 그들의 大和(야마토) 정신에 의해서 침략을 당했던 우리 민족은 지울 수 없는 원한과 상처를 당해 섬뜩함을 느낄 수밖에 없지만, 그것이 일본의 국민성이다. 열도로 이루어진 몇 개의 섬 덩어리에 한계를 느껴 대륙을 향한 그들의 야심은 침략적 근성이 되어 한반도를 넘보며 오늘에 이르렀다. 그러나 현재의 일본은 인류의 행복을 위한 첨단 설비라던가 유익한 기술로도 세계를 놀라게 하고 있다.

대화(大和)라는 그들의 정신 속에는 우리가 받아들여야 할 많은 것들도 있다. 가령 일본인의 청결성이나, 허리 굽혀 인사하는 겸손함, 세계적으로 공인된 친절함, 그리고 정직성, 궂은일을 하더라도 최선을 다하는 철저함과 근면성일 것이다. 이것은 우리가 본받아야 할 현대판 야마도 정신이 아닐까.

집안 어르신의 권고와 아버지의 결정이 주효했다는 결론은 그 후에 일어났다. 내 아래로 또 하나의 남동생이 태어났다. 족보의 돌림자에 연연하시던 아버지는 설마 또 그러하랴 싶은 마음으로 정(廷) 자를 넣어 작명했다. 유아기에 6.25를 맞았고 업혀 다니느라 고생스럽던 피난 시절에도 살아서 돌아온 동생이 다섯 살을 넘기지 못하고 또 유명을 달리한 것이다.

  항렬에서 제외되었기 때문인가. 나는 회갑을 넘기고도 건강하게 천천히 내 인생길을 가고 있으니 이름이 나쁜 편은 아닌가 보다.

2008. 5.

고추모종과 월드컵

제법 많은 양의 고추모종을 심었다. 너른 마당 한편을 일구어 비닐을 씌우고 구멍을 뚫고 모종을 심는데 한나절 이상 걸렸다. 촉촉하게 땀이 배고 허리가 부친다. 내일은 비가 내리겠다는 예보를 듣고 보니 오늘이 모종을 옮겨심기에 적합하다 싶었다. 이른 아침에 시작해 단번에 끝냈더니 힘들었던 만큼 보기에 좋은 기분이 든다.

앞마당에는 감나무나 몇 그루 심어 빨갛게 익은 가을을 즐기고 싶던 곳이다. 그러나 올해도 아내는 고추를 심는 것이 좋겠다고 한다. 작년 여름 여기에 심었던 풋고추를 따서 도시에서 찾아오는 친구들에게 들려 보낸 흐뭇했던 기억을 떠올리고는 내 생각도 바꾸게 되었다.

고추모종을 심기 위해서 밭이랑을 만들게 되었다. 길게 두세 두렁을 만들 것인가, 짧게 여러 두렁을 만들 것인가 망설이는데 아내는 고추 품종을 구별한다면서 짧게 여러 골을 만드는 게 좋겠다고 한다. 검은색 비닐 막을 덮고 모종삽으로 구멍을 뚫게 되었다. 농사가 주업이 아닌 데다가 경험도 별반 없다 보니 모든 것을 망설이게 된다. 지그재그식으로 심되 간격을 넓게 잡은 것은 남들이 심어놓은 것을 보아서 알기에 그렇게 했다. 내 의견에 아내는 또 이견을 내놓는다. 그렇기야 하지만 우린 가을철 붉은 고추를 수확할 것이 아니고 여름철 풋고추 정도나 바라고 심는 것이니 약간 좁게 심어도 무방하다며 총총히 여러 포기를 심자는 것이다.

하찮은 고추모종 몇 포기를 심는데도 여러 가지를 선택해야 할 문제가 따른다. 무엇을 심을까 어떻게 심을 것인가, 언제 심을까, 별것도 아닌 일에 결정해야 할 문제가 뒤따른다. 경험이 없어 결과를 예측하기 어려운 일에 있어서 선택이라는 과제는 크고 작은 갈등을 일으킨다. 이것인가 저것인가를 고르는 일이란 그렇듯 중요한 것이라 순간의 선택이 십 년을 좌우한다는 광고 카피가 한때 소비자의 판단에 영향을 주기도 했다.

우리는 평생을 통해서 수많은 것을 선택하며 산다. 대학 진학을 앞둔 청소년에게 전공을 선택하는 문제는 평생을 좌우한다고 볼 수 있다. 직장을 선택하고 종교를 선택하기도 한다. 평생의 반려자인 배우자를 선택하는 문제는 인생에서 가장 크고 중요한 과제다. 정체되는 차도에서 어느 길로 갈 것인가를 선택하는 문제에 이르기까지 끊임없이 발생하는 선택의 기회는 우리를 고단하게 만든다. 불확실한 미래의 현명한 선택을 위하여 전능자의 힘에 의지 기도함으로 도움을 받기도 한다.

　우리가 받았던 반공교육에 의하면 그쪽 체제에서는 거의 모든 것을 당이나 국가에서 결정해 준다는 것이다. 장래의 전공에 대한 선택이나 직장은 물론 배우자까지 관계기관에서 정해준 대로 따르기만 하면 된다 하니 인권의 존중은 실종되었어도 불투명한 장래로 향한 갈등은 겪지 않아도 좋은 것일까.

　2006년 독일 월드컵경기에 출전할 선수 명단이 오늘 발표되었다. 아드보카트 감독은 초미의 관심사였던 23명의 우리 대표 팀을 고심 끝에 발표한 것이다. 이 명단을 보는 이마다 최상의 팀이 짜였다며 16강 이상의 성적을 기대하고 있다. 카리스마 넘치는 아드보 감독은 고심 끝에 선택한 것에 대해서 최강의 팀이라고 온 국민들에게 승리에 대한 자신감을 심어주고 있다. 우리에게 월드컵 4강 신화를 안겨주었던 히딩크 감독도 그에게 축구 볼은 둥글기 때문에 어느 곳으로도 굴러갈 수 있다는 상징성을 말하면서 좋은 성적을 기대한다며 격려하고 있다.

　그러나 축구 볼이 둥글기 때문에 우리에게 우승의 기회도 엿볼 수 있다는 논리대로라면 둥근 볼로 인해서 우리가 꼭 16강 이상 갈 수 있다는 보장 또한 없을 것이다. 치러 보기 전에는 아무도 그 결과에 대해서 쉽게 판단할 수는 없다. 그러기에 아드보 감독이 선수를 선발하는 데 그리 쉽게 선택하고 결정하지는 못했을 것이라는 추측이 든다. 마지막 1퍼센트의 선수를 선발하지 못했다는 그의 의중 역시 선택의 어려움과 신중함을 의미한 것이리라.

그들은 축구에 관한한 세계가 인정하는 거장들이다. 어떤 전법을 쓰는 것이 팀을 승리로 이끌 것인지, 누구를 어느 시점에서 기용하는 것이 유리할 것인지, 또는 어떤 훈련을 어떻게 해야 할 것인가 등 일반인이 알지 못하는 여러 가지 전문지식을 동원한다 하더라도 선택이라는 것에 대한 부담은 그에게도 자유롭지는 못했을 것이다.

스탈린의 딸 스베틀라나 여인은 1967년 소련에서 미국으로 망명 귀화했다. 이것은 당시 세계적인 이목이 집중한 동서 냉전체제에서 가장 충격적인 사건이었다. 아무도 그의 소련 탈출을 예상한 사람은 없었다. 그가 살고 있는 자택으로 서방 기자들이 찾아와 회견을 요청했다. 조국을 떠난 그녀가 자유세계에서 겪는 어려움에 대한 질문을 했다.

정치적인 답변이 나올 것으로 알았던 그녀의 대답은 다소 의외였다. "무엇이든 선택해야 하는 것이 제일 어려운 문제입니다."라고 대답했다는 것이다. 공산 치하에서 살아온 그녀는 선택권이 없이 모든 것을 결정해 주는 대로 따르며 살아왔던 까닭에 끊임없이 선택해야 하는 생활이 가장 어려운 문제였을 것이다.

그녀는 태어나서 자라고 소신 있는 이념으로 살아왔던

어머니와 아버지의 나라를 버렸다. 자유세계를 향한 망명의 길을 택했던 그녀도 끝없이 이어지는 생활에서의 선택은 그를 괴롭게 했을 것이다. 이처럼 이념과 생명까지 건 정치적인 선택이나 월드컵에서의 선수를 선택 기용하는 일, 또한 손바닥만 한 텃밭에 무엇을 어떻게 심을까 하는 데에 이르기까지 선택하고 결정할 문제는 참 많다. 처음 가는 두 갈래 길에 섰을 때 왼쪽 혹은 오른쪽 어느 쪽으로 갈까, 차라리 돌아갈까 하는 것도 선택의 자유이니 선택 앞에서 그 누가 자유로울까.

2006. 5.

엄마의 숨소리

　친구 K는 나와 동갑내기 노년이다. 올해로 고희를 맞은 우리는 형편이 비슷하고 자주 만나 살아가는 이야기를 나누다 보니 친분이 쌓이게 되었다. 특히 노령화 시대에 살면서 인간의 수명에 대한 가치관을 공유하며 허물없는 이야기를 주고받는다. 오래 살기보다는 건강하게 살다가 어렵지 않게 가는 것을 원하는 것은 많은 어른들이 바라는 바와 같다. 언젠가 신문기사를 보니 30년 후 인간의 수명은 무한대라는 것이다. 영원히 죽지 않고 살 수가 있다고 하는데 그것은 인간에게 낭보라기보다는 저주에 가까운 비보라는 사실에 그와 나는 공감했다. 현재의 평균 수명만큼만 살다가 사라져 가는 것이 후손을 위해서도 나라의 경제를 위해서도 유익할 것이라는 결론에 도달하게 되었다. 하지만 그러한 소망은 우리들의 바람일 뿐, 그 누가 자신의 수명이나 죽음의 형태에 대해서 자신 있게 말할 수 있으랴.

친구의 어머니는 구십이 넘은 연세인 지금도 고향인 전남 무안군에 살고 계신다. 그에게 들은 바에 의하면 지난해 여름, 태풍이 지나간 농촌 마을은 비닐하우스의 지붕이 날아간 것은 물론이고 살고 있던 집의 담벼락마저도 무너져 내려 마치 전쟁을 치르고 난 것 같았다. 고향집에 홀로 살면서 텃밭이나 일구시던 어머니는 이러한 모습을 두고 볼 수가 없었다. 태풍에 누워 버린 곡식들을 보살피다가 과로로 인해서 그만 정신을 잃고 쓰러지셨다는 것이다.

몇 시간이 지나 마을 사람들에 의해서 발견된 어머니는 인근 병원으로 이송되었다. 구순을 넘기신 어른의 기력이 쇠하기도 했지만 뜨거운 햇볕 아래 장시간 노출된 관계로 뇌에 손상을 입었다는 주치의의 소견이었다. 며칠간 안정을 취하면서 치료에 힘쓴 결과 조금씩 호전되고 있다는 진단 결과를 통보 받았다. 그러나 혼자서는 생활할 수 없으니 누군가 어머니를 봉양해야 한다는 것이다. 형제들이 달려왔지만 손수 보필할 자식은 없었다. 수십 년 전부터 형제들과 등을 지고 살아가는 맏형은 애초 어머니 앞에 나타나지도 않았고 친구를 제외한 두 아우는 자신들의 삶이 원만치 못하니 선뜻 어머니께 도움을 드릴 수가 없는 형편이라는 것이다. 서울 사는 여동생은 대입 준비 중인 자녀가 있는 데다가 동의는 하겠지만 달가워하지 않을 배우자의 속내를 믿을 수 없다는 것이다. 자식 중 과연 어느 댁에서 어머니를 편하게 모실 수 있을까.

그중에서 친구의 형편이 가장 무난한 것 같아도 늙은 아내의 오랜 지병으로 간병할 일손이 없는 것이 문제가 된다고 했다. 자신들의 이러한 형편을 앞세워 서로가 어머니의 봉양을 회피할 수밖에 없는 입장을 논의하는 과정을 병상에 누운 어머니는 한 마디도 놓치지 않고 다 듣고 계셨다. 이후 어머니는 입을 떼지 않으면서 식음을 거부하셨다. 노후의 막다른 길에서 감당할 수 없는 외로움과 배신감으로 얼마나 서러우셨을까. "그래 내가 너무 오래 살았다. 너희들의 형편을 낸들 왜 모르겠느냐. 너희들 아버지 따라서 진작 갔어야 했는데 아흔 살이 넘도록 살고 있으니 내가 죄인이다. 여태 목숨 붙여 살고 있는 자신이 부끄럽구나…." 이러시며 당신께서는 끊어지지 않는 목숨을 원망하셨을 것 같다.

  두 눈을 감고 아무런 감정의 표현도 하지 않은 채 식음을 전폐하시는 노모를 형제들은 바라만 보았다. 기력이 쇠한 관계로 식사도 못 하신다며 어머니의 깊은 뜻을 헤아리려 하지 않았다. 곡기를 끊으신 지 삼사일이 지난 뒤에야 병원 측에서는 대용식 공급을 시작했다. 그러나 어머니는 영양공급 호스는 물론 링거주사마저도 스스로 빼 버리셨다. 이제는 정신상태마저 정상이 아니라고 판단한 병원 측에서는 이러한 어머니의 손을 침상에 묶어 사지를 움직이지 못하시도록 했다.

  자녀들이 자리를 비우고 주변이 조용할 때라고 했다. 의식이 돌아와 있었던 어머니는 간병하는 여인에게 청을 하신다. "이 손 좀 풀어주시오. 내가 여태 살아있는 것이 부끄럽소. 자식들에게도 못할 노릇이요. 나는 다시 일어나기가 싫으니 나를 풀어주든가 주사액 좀 치워 주시요." 뒤늦게 이와 같은 내용을 전해 들은 자식들은 그제서 어머니의 의중을 알고 울면서 잘못을 용서해 달라고 애원하며 무엇이라도 잡수시기를 간청했다. 며칠이 더 지나간 어느 날 보름 이상 곡기를 끊으셨던 어머니는 보호식을 받아 잡숫기 시작했다. 따라서 묶여있던 손발은 풀어드렸으나 말씀은 일체 거부하셨다.

며칠이 지나 어머니는 인근의 노인 요양원으로 옮기셨다. 그때부터 친구는 주일마다 어머니를 찾아뵙는다. 마음 같아서는 매일이라도 보살펴 드리고 싶지만 거미줄처럼 걸려있는 도시에서의 생활 여건으로 시간 내기가 쉽지 않다는 것이다. 어느 날 어머니의 병상 아래쪽 간이침대에 앉아 농사일로 험악해진 어머니의 거친 손을 잡아 드렸다. 깊은 밤인데도 잠들지 않으신 어머니가 아들의 손길을 느끼고는 "아범. 나가서 편한 잠을 자야지 어째 여기서 불편하게 지내는가?" 지금껏 한마디도 하지 않으시던 어머니의 목소리에 아들은 정신이 번쩍 들었다. 아 어머니가 말씀을 하시는구나.

그날 밭에서 정신을 잃으신 이후 자식들에게는 처음으로 입을 여신 것이다. "엄니가 한마디도 않으시니까 숨소리라도 들으려고 왔는데 어찌 나가서 자겠어요." 모두 잠든 깊은 밤. 병상을 지키고 있는 자신에게 처음으로 말문을 여신 어머니의 진정이 고마워 친구는 가볍게 흐느꼈다고 했다. 살아있는 것이 부끄럽고 자식들에게는 짐만 된다며 죽기를 결심했던 어머니의 상처는 다소나마 치유된 것 같다고 했다. 숨소리를 듣기 위해서 천 리 길을 달려와 병상 옆의 간이침대에서 불편한 밤을 지새우고 이내 떠나가는 늙은 아들의 효심에 말문을 여신 것이다.

어머니의 복중(腹中)에서 자신이 생성될 때부터 생명을 나누던 어머니의 숨소리. 어린 시절 어떠한 두려움도 외로움도 아픔까지도 견딜 수 있게 하던 엄마의 숨소리, 쉽게 끝이 보이지 않아 사막과 같았던 인생길에서도 엄마의 숨소리가 힘이 되어 여기까지 걸어올 수 있었던 것이 아닌가. 친구는 주일마다 어머니 누워계신 남도 나들이를 계속하면서도 성가신 내색이 없다.

엄마의 숨소리. 나 역시 친구와 마찬가지로 엄마의 병상 옆에 간이침대를 놓고 엄마와 함께 많은 밤을 보낸 적이 있다. 노인 병동에 입원하고 효과를 기대할 수 없는 치료를 지속하던 무렵 엄마와 함께 통증을 나누며 여러 밤을 지새울 때 듣던 엄마의 숨소리를 기억한다. 반 시간도 견디지 못하는 마약성 진통제를 맞으며 종말을 향해 가시던 어머니께서 어느 날인가 가냘프나 규칙적인 숨소리를 내신다. 통증이 멎어 편안한 잠을 주무신다며 나도 함께 달콤한 잠에 취해 들어갈 무렵 문득 불길하고 긴박한 예감이 가슴을 때리는 것이었다. 의료진이 달려오고 호흡과 맥박과 혈압이 모니터에 그래프와 숫자로 표기되기 시작했다. 엄마의 숨소리는 평안한 것이 아닌 임종을 향한 혼수상태에 빠지셨던 것이다.

내 인생의 종말은 어떻게 맞이하게 될 것인가. 결코 장수에 대한 미련은 없어도 자식들에게 누를 끼치거나 고통스러운 종말이 되지 않기만을 간절히 소망한다. 그러나 오직 하늘의 뜻에 맡길 수밖에 없는 인명과 죽음의 형태에 대해서 어느 누가 자신 있게 말할 수 있으랴.

친구는 이번 주에도 호남선 열차를 예약했다. 매주 토요일이면 어머니의 숨소리를 들으러 가는 그는 어머니의 임종이 바로 눈앞에 다가왔을 거라는 불길하고 긴박한 예감 때문일는지도 모른다. 나 역시 엄마의 숨소리를 들으러 갈 수 있다면 십수 년 전, 어머니께서 누워계시던 그 병실을 향해서 고속열차라도 예약하고 싶다.

*친구의 어머니는 그 후로 백여 일을 더 사시다가 작년 봄 이 세상의 수명을 다하시고 홀연히 떠나가셨다.

2015.

눈 내리는 밤

 새해 첫날부터 구름마을에 서설이 내렸다. 회색빛 하늘이 낮게 드리운 저녁 시간을 보냈는데 이튿날 잠에서 깨어나니 눈 덮인 새벽의 여명이 유리창을 하얀색으로 밝혀 놓았다. 창밖 북한강 건너로 바라보이는 화야산 웅장한 풍경이 순백의 설산을 연출하고 서 있다.
 아침나절 산책로를 따라 걷자니 빈 밭과 얼어붙은 논 사이 좁은 두렁길이 하얀 곡선을 그었다. 부지런한 참새 떼가 잡목 숲 나뭇가지 사이를 분주하게 오가고 산으로 오르는 조붓한 산길을 가로질러 조금 전에 다녀간 듯한 노루의 발자국이 선명하다. 뒷산으로 올라가는 초입부터 은백색으로 덮인 자연의 조화로움이 소박하면서도 눈부시다.
 구름마을은 깊은 산중은 아니나 다른 곳으로 이어진 도로가 없는 관계로 비교적 한적한 편이다. 마을 주민들 대개가 토박이로서 한 가족처럼 지내는 것은 함께 살아온 지가 오래되어 서로가 숨기거나 감출 이유가 없기 때문일 것이다. 이맘때에 구름마을을 찾는 이는 겨울방학을 이용한 교회학교의 청소년들이거나 소수의 나그네들이다.

눈 내린 날 초행길을 달려온 이들은 마치 설국에라도 온 듯하다며 즐거워한다. 설경이 아름다운 산촌에 살면서 이곳 주민이 된 것에 행운과 자족감을 가지고 살아간다. 어제 아침부터 쌓인 눈 위에 또 눈이 내리고 있다. 함박처럼 실하게 내리던 눈이 싸락눈으로 변하는 것을 보면 쉽게 그칠 것 같지가 않다. 키 큰 잣나무 까칠한 바늘잎 위에 내려앉은 눈은 마치 엽서 속의 그림 같다. 아카시아나무 꼭대기 까치집을 덮은 눈은 까치 가족들의 주거생활에 심각한 위협을 주기도 한다.

눈 내리는 산마을은 한낮인데도 해 질 무렵처럼 어둑하다. 비탈길을 오르다가 몇 번씩 미끄러졌다. 지난번 눈으로 막혔던 오르막길을 어제 낮에서야 겨우 터놓았는데 오늘 또 눈으로 묻히고 말았다. 아무도 밟지 않은 산길을 걷는데 잡목 숲을 가로지르는 노루 한 쌍이 눈에 뜨인다. 먹이 찾아 눈길을 내려온 모습이 다정해 보이나 저들의 안전한 삶은 밀렵꾼의 횡포로 보장하기가 쉽지 않다.

무심하게 그러나 정겹게 내리는 눈으로 산골 풍경이 액자 속 풍경처럼 환상적으로 변한다. 내려앉은 눈의 결정체는 바람이 멈춘 나뭇가지 위에서 수만 송이의 꽃으로 피어났다. 아니 어떤 꽃이 이에 비교할 수 있을까. 볼수록 아름다운 것이 신비스럽기도 하다. 겨울바람이 헤집거나 한 줌 햇볕에도 쉽게 무너져 내릴 것이기 때문에 그 소중함은 한층 더한 것이리라. 김진섭의 수필 백설부에서 눈은 기적같이 와서는 행복같이 사라진다고 썼다. 인간의 힘으로는 연출할 수 없는 설경이기에 기적일 수밖에 없을 것이다. 마음가짐에 따라서 쉽게 변하는 행복의 잣대 역시 쉬이 사라질 수 있으니 이를 눈에 비유한 것일까. 아무도 없는 산속에 진종일 눈은 내리고 짧은 하루가 저물어 어둠이 서서히 내린다.

아직도 초저녁 시간인데 깊은 밤의 적막이 흐른다. 조용하던 삼월이가 갑자기 정적을 깬다. 세 살배기 잡종 개 삼월이는 여간해서는 짖지를 않는다. 그러나 낯선 인기척이라도 느껴질 때엔 주인에게 충실하게 보고한다. 눈 내리는 밤 시간에 누군가 찾아온 것이 분명하다.

후드가 달린 파카를 걸치고 주차해 있는 곳으로 내려갔다. 아직 엔진도 끄지 않은 승합차 한 대가 어둠 속에서 눈을 맞으며 나를 기다리는 것 같다. 장정들이 착용한 검은색 점퍼 왼쪽 가슴 부위에 밤에도 잘 보이는 형광색으로 『야생동물 구조회』라는 단체명이 선명하게 찍혀있다.

그들이 먼저 말을 건네 온다. 경기도 야생동물 구조협회에 소속된 직원들이라고 소개를 하면서 나를 만나러 찾아왔는데 원활치 못한 눈길로 인한 늦은 방문을 미안해한다. 두어 달 전 인터넷에 기고한 내 글 때문이라는 것을 알게 되었다. 이 산골에 살면서 야생동물들이 불법 올가미에 의해서 밀렵당하고 있는 현실과 위험에 처한 동물의 철삿줄을 끊어 자연으로 돌려보낸 일, 수차례에 걸쳐 올가미를 제거하는 작업을 계속한 내용의 수필을 게재한 적이 있다. 글을 관심 있게 읽었다며 감사한 마음을 전한다. 야생동물 구조에 공이 있는 자에게 해마다 수여하는 공로상이 있는데 그 대상(對象)을 추천하기 위해 현장답사를 나왔다고 한다. 일찍 출발했건만 눈길로 인해 도착이 지연된 것을 재차 변명하는 마음에 친밀감이 든다.

그간의 구조 상황은 글 내용과 다름없다는 것과 주간(週間)으로 볼 때 2, 30개씩의 올가미를 거둔 사실에 대하여 말해주었다. 그러나 표창 받을 만한 일이 아니라며 극구 사양했으나 그것 또한 자신들의 업무이니 피하지 마시라며 나를 설득한다. 어두움에 덮여있는 주변의 산세를 눈여겨보면서 과연 그럴 만한 지형이라며 그들끼리 논의하며 인정하는 눈치다. "올가미를 거두신 숫자만큼의 생명을 구하신 것에 감사드립니다. 수고하셨습니다." 치하의 말을 남기고 그들은 돌아갔다.

눈은 밤새 내릴 것 같다. 혼자 있어 고독한 시간도 즐긴다 생각하니 행복한 마음이 눈처럼 내리며 밤은 점점 깊어갔다.

*그 후의 소식을 밝히자면 그해 6월 며칟날인가 야생동물

구조의 공을 인정받아 경기도청에서 실시하는 자연보호 행사에서 김문수 지사에게 감사패를 받았다.

                        2004. 2. 2.『수필문학』2023년 12월호

한단지몽(邯鄲之夢)

 초가을 아침 산책길이 상쾌하다. 연보라색 구절초 꽃잎이 무리 지어 피어난 천마산 등산로를 분주하게 걷는 젊은이들이 있는가 하면 노년들은 체력을 조절하면서 천천히 오르내린다. 9월 들어 더위가 물러가고 산길 걷는 이들이 늘어났다. 침엽수 우거진 숲속에 청아한 산새 소리가 심신을 맑게 해 건강에 도움이 될 것 같다.
 언제부터인가 걸을 때 숨이 가쁘고 가슴에 가벼운 통증을 느끼게 되었다. 병원을 찾았더니 협심증이라는 진단을 받아 약을 복용하고 있다. 그 후 걷기 운동으로 심혈관 건강을 유지하고 있다. 나부끼는 나뭇잎과 맑은 햇살 속을 땀이 날 만큼 걷다가 내가 정해 놓은 반환점을 돌아 다시 내려간다.
 집으로 돌아오는 길, 마을 한가운데를 가로지르는 호만천 흐르는 물이 발을 담그고 싶도록 맑다. 지난여름의 끝자락

기상 관측 이래 처음이라는 폭우로 서울 강남의 도심이 흙탕물에 잠겼어도 이 고장은 아무런 피해 없이 시냇물만 풍성해졌다. 천마산 높은 봉우리와 깊은 골마다에서 흘러든 물소리의 청량함이 내 안의 정서를 만족시켜 준다.

 무덥고 습기 많은 날이 오래 지속되던 것에 비하면 여름은 싱겁게 끝났다. 처서를 지내자 하늘도 구름도 바람도 넉넉한 냇물도 쾌적하게 가을을 맞았다. 천천히 걸어 집으로 가는 길에 그늘이 있는 냇가 벤치에 앉아 잠시 쉬는데 간간이 부는 바람이 반팔 소매 위로 소슬하다. 안식 같은 만년이 굴곡 없게 이어지는 것이 감사하다. 노년에 이르러 평안함보다 더한 복락이 어디 있으랴.

 그런데 아까부터 마음 한편에 석연치 않은 감정 하나가 나를 따라오고 있다. 협심증 진행으로 인한 은근한 걱정인 것 같지만 그것만도 아니다. 한결 시원해진 대기와 정갈하게 조성된 걷기 편한 길옆 돌 틈으로 흐르는 넉넉한 수량(水量)의 개울물 등 자연조건에 의해 시청각의 느낌은 쾌적하다. 자유로운 마음과 편한 자세로 앉아 쉬기를 원하나 멈추지 않고 따라오던 서글픔 같기도 한 감정 하나가 내가 쉬는 벤치까지 따라와 함께 앉는다.

 "임종 과정에 이르렀다는 의학적 판단을 받은 환자가 되었을 때 무의미하게 생명을 연명하기 위한 치료는 받고 싶지 않다는 선생님의 뜻을 등록하는 것이에요. 회생 가능성이 없는 말기 과정에 계신 환자들에게 심폐소생술, 혈액투

석, 수혈, 체외생명유지술, 혈압 상승제 투여 등 치료 효과 없이 임종 과정의 기간만을 연장하는 것에 반대하신다는 본인의 의사입니다." 사십대로 보이는 젊은 담당자 여인은 퍽 조심스럽고도 겸허한 표정으로 우리 부부에게 설명했다.

'사전 의료 연명 의향서'라는 제도가 있다는 말은 오래전에 들어 알고 있었다. 평소에 관심이 있어 상세한 사항에 대하여는 더 물을 것도 없이 이해했다. 죽음을 앞둔 순간 마지막 결정인 그와 같은 제도를 당연하게 받아들일 뿐 아니라 다른 이들에게도 권유하고 싶은 내용이었다. 결국 어제 오후에 그 서류에 서명했으나 주변의 친지들이나 내가 아는 다른 어른들은 이미 실행에 옮겼거나 의학 수련생들의 학습을 위해 사후(死後) 시신 기증까지도 약정했다는 사실을 알게 되었다.

내게 그리 급한 일은 아니라고 여겨왔다. 즐겁거나 유쾌한 일은 더욱 아니었기에 서두를 필요는 없었다. 언제라도 해야 할 일이어서 편한 날 편한 시간에 관계 기관을 찾자고 아내와 약속한 지 수년이 지났다. 그런데 시간이 지나갈수록 실행에 옮길 만한 기회는 줄어든다는 것을 알게 되었다. 이제까지 건강하게 살아온 것은 내가 노력을 했거나 건강에 대한 확실한 보장이 되어 있었기 때문이 아니었다. 다만 운이 좋아 지금까지 버텨 온 것뿐이니 그때는 의외로 머지않은 미래가 될 수도 있다는 사실도 깨닫게 되었다.

지지난달 멀쩡하던 친구 하나가 갑자기 세상을 등졌다. 나와는 동갑이며 평생을 가깝게 지내던 그가 아무런 작별인사도 없이 떠나고 나니 죽음이나 죽음의 단계에 이르기까지의 남은 내 시한이 그리 넉넉지 않을 수도 있다는 것을 예상하게 되었다. 죽음에는 순서도 시기도 형태도 알 수 없는 것이 고도로 발달한 지혜로운 현생인류의 우매(愚昧)함이 아닌가. 남은 인생길에 대하여 깊게 생각해 본 적도 없는 것 같은데 어느새 마지막 준비를 염두에 두어야 할 때가 오고 말았다.

　한단지몽(邯鄲之夢)이라는 고사를 읽은 적이 있다. 당나라 현종 때 하북성 한단(邯鄲)이라는 고장의 한 주막에서 행색이 초라한 젊은 노생(盧生)이 도사 여 옹(呂翁) 앞에서 신세한탄을 하다가 깜빡 잠이 들었다. 꿈속에서 명문 가문의 여인과 혼인하고 출세와 좌절의 굴곡진 삶을 살지만 재기의 기회를 얻어 아들과 손자들을 거느리고 부귀영화를 누린다. 한평생을 그렇게 행복하게 살다가 80년의 생애를 마친다. 꿈에서 깨어난 노생의 옆에는 도사 여옹이 여전히 앉아있고 주막집 주인이 짓고 있던 기장밥도 아직 다 되지 않은 짧은 시간이었다는 고사다. 여옹 도사는 젊은이를 향해 "인생이란 다 그런 것이라네."라며 껄껄 웃는다. 인간의 삶이란 한낱 꿈과 같이 허무하게 지나간다는 일깨움일 것이다. 나 역시 노생처럼 길지만 짧은 시간 꿈꾸듯 살아온 것 같은데 어느 순간에 80 생애를 지내왔다.

높아진 하늘을 쳐다보며 죽음을 두려워하는 것은 아니라고 변명해 본다. 하지만 나는 과연 거리낌 없이 그때를 맞이할 수 있을까. 마지막 때의 상황이 어찌 될는지 모르나 어쩌면 때가 이르러 연명치료를 거부하게 될 날은 분명히 오고 있을 것이다. 초가을 날씨처럼 내 삶의 여정 끝날까지 산뜻하게 살아가게 되기를 바랄 뿐이다.
 나를 따라오던 어두운 감정의 덩어리를 흐르는 물속에 그만 던져 버리기로 하자 마음도 조금씩 가벼워졌다.

2022. 9.

판문각 북한 병사

　판문각 경비실에 북한 병사 하나가 이쪽을 향해 인상을 쓰고 서 있다. 인민군 사병의 정복인 듯한 긴팔 상의에 헬멧까지 갖춰 쓰고 이를 악물고 남쪽을 향해 노려보고 있는 것이 섬뜩하게 느껴져야 하는데 안쓰러워 보인다. 멀리서 찍은 사진이지만 곱고 해맑아 보이는 모습에서 위협감을 느끼기보다는 투정부리는 막내아들의 짓궂은 모습을 보는 것 같다. 착해 보이는 인상에 어울리지 않는 것은 붉은색 견장과 벨트에 차고 있는 권총이다. 저 권총의 용도는 적을 겨누기 위한 것이라 이쪽에서 볼 때는 적대감을 느껴야 할 터인데도 무대에 오른 연극배우의 의상처럼 보이는 것은 내 반공의식이나 시국인식에 문제가 있어서일까. 지난 8월 11일(2010년) 동아일보 1면 톱에 실린 북한 병사의 사진을 보며 느낀 내 개인적인 생각이다.

　귀공자형으로 귀티 나는 얼굴에 험한 인상을 만들고 서

있는 모습이 안쓰럽다. 마치 뛰어놀고 싶은 하룻강아지를 쇠사슬에 묶어 놓은 모습 같기도 하다. 그날 개성지방의 낮 기온이 섭씨 31도인 것을 보면 판문점의 실외 온도 역시 참기 힘들 만한 찜통이었을 것이다. 목 위까지 잠긴 군복 상의 깃에 붉은 견장을 달고 서 있자니 고통은 여간 아니었을 것이다. 만약 저 친구가 참기 힘든 무더위로 인해서 저러한 인상을 쓰고 있었다면 이해하겠지만 혹 남측을 향한 분노와 적개심으로 표정을 저리 험하게 구겨트리고 있다면 그야말로 적반하장(賊反荷杖)이랄 수밖에 없는 딱한 노릇이다. 남쪽을 향해 어떠한 적개심을 갖게 되었기에 젊고 고운 인상을 저토록 우그러트리고 있을까.

이 날은 어로작업 중 북방 한계선을 넘었다는 이유로 나포해 간 대승호와 우리 선원들의 조기 송환을 위하여 대한적십자사 명의로 전언통신문을 발송한 날이다. 판문각의 북측 병사는 이 같은 사실로 해서 심한 불쾌감으로 우리 측을 능멸하는 눈으로 노려보고 있는 것인지도 모른다. 어로작업을 하다가 잠깐의 실수로 인해서 NNL이라는 선을 넘어섰을 수도 있다. 선원이나 전문가들이라면 알 수 있는 어떤 전자장치로 보이지 않는 표식이 되어있겠지만 개인적으로 판단하자면 바다 가운데 줄을 쳐 놓거나 울타리가 있는 것도 아니다 보면 그럴 만한 충분한 개연성은 있다고 본다. 그러나 엄연한 경계선이 있고 그것을 지켜야 할 의무가 있으니 우리의 합법을 주장하는 것은 아니다. 남북이 하나라면 아무것도 아닌 일이다. 동족인 것은 물론 부자(父子)나 형제간 혹은 자매이거나 친척일 수도 있는 같은 민족끼리의 전쟁으로 남북이 원수로 지내고 있는 긴 세월이 야속할 뿐이다.

고운 인상을 저렇게 험상궂은 표정으로 비틀어 서 있는 젊은 병사는 민족 간의 현실을 얼마나 정확하게 알고 있을까. 저 녀석은 육이오 한국 전쟁을 북침으로 알고 있기 때문에 남한을 향해서 적개심을 불태우고 있을 것이다. 전쟁이 중단되고 60년이 지나도록 아직 통일을 이루지 못한 것을 순전히 대한민국과 미국의 잘못된 정책과 방해 때문이라고 판단하고 있을 것이다. 하긴 저들은 김씨 왕조의 주체사상이 머리끝까지 들어차 있을 터이니 그 붉은 사상의 굴레에서 어찌 쉽게 벗어날 수 있으랴. 태어나면서부터 대한민국을 적(敵)이며 원수라는 개념으로만 교육을 받아왔을 터이니 저 젊은이를 탓할 수만은 없다.

남북이 정전 협정을 맺었어도 실질적인 대치 상황에서 저들이 범한 협정 위반에 대해서 저는 얼마나 알고 있으며 알고 있다 하더라도 얼마나 진실 되게 알고 있을까. 휴전선을 사이에 두고 크고 작은 정전협정 위반으로 우리에게 끼친 행악은 그 얼마던가. 1958년 우리 민항기인 KNA 항공기를 납치하여 많은 승객을 불법으로 감금한 상태에서 가족과 국가에 얼마나 큰 상처를 주었던가. 그들은 이것을 자진 월북이라며 그 상투적 수법을 동원하기 시작했다. 또한 1968년 1월 21일 31명의 특수훈련으로 무장한 북한의 124

군 부대원의 청와대 습격기도 사건, 1974년 8월 15일 국립극장 대 강당에서 8.15 경축 기념식을 진행하고 있을 때 문세광이라는 재일 동포를 위장한 불순분자에 의해서 우리의 영부인을 저격해서 살해한 사건 역시 저들은 남조선의 날조극이라고 우겨왔던 것을 저 녀석은 알고나 있을까.

그뿐만이 아니라 1976년 판문점 도끼 만행사건과 1987년 KAL기를 공중 폭파함으로 죄 없는 중동 근로자를 포함한 승무원 115명의 무고한 민간인을 죽게 만든 것 역시 저들은 남측의 날조극이라고 터무니없는 주장을 되풀이하고 있는 사실을 저 녀석은 어떻게 알고 있을까. 저들의 선제공격으로 두세 차례의 서해 교전을 일으켜 놓고 자기들이 입은 많은 인명피해에 대한 보복 조치라며 2010년 3월 26일에는 남측의 천안함을 수중 공격했다. 이로 인하여 46명의 우리 해군을 죽게 한 만행 역시 남조선의 자작극이라며 온 세계가 다 아는 거짓말을 거침없이 하고 있는 것이 아닌가. 이것 역시 저 녀석은 진실에 대한 아무것도 모른 채 남한을 향해 계속 노려보고만 있는 것이 딱하기 그지없다. 금강산에 갔던 남측 민간인 관광객 여인은 무슨 죄가 있다고 함부로 총부리를 겨누고 총격을 가했단 말인가.

가능하다면 저 젊은 친구를 1개월만 대한민국에서 생활하게 해 주고 싶다. 아니 일주일만이라도 남쪽으로 데려다가 진실을 알려주었으면 좋겠다. 저들의 거짓 선전으로 잘못 알고 있는 역사적 침략 사실을 올바로 알려 주고 싶기도 하지만 그보다 먼저 인간 원초적인 본능을 채워 주고 싶은 마음이 앞선다. 판문각에서 근무하게 된 젊은 병사의 신상이나 출신성분에 대해서는 알길 없지만 아마도 특수층의 자녀이거나 당성이 강한 어느 당원의 아들일 것이고 먹고 살아가는 문제는 해결되었을 터이니 저 녀석의 입성을 고쳐주고 싶다.

  우선 목까지 덮고 있는 저 군복을 벗겨주자. 그리고 저들이 은밀하게 선호한다는 명품 청바지라도 입혀보자. 목 없는 티셔츠에 밝은색 재킷을 걸쳐 주고 곱고 하얀 목에는 반짝이는 금목걸이를 가볍게 걸어줄까. 저 가죽장화와 투박한 벨트를 벗기고 젊은이들이 즐겨 신는 한국산 고급 운동화를 신겨주면 저 아이는 최소한 표면적으로는 사상과 표현의 자유를 누리며 살아가는 대한민국의 젊은이가 될 것이다. 그러한 젊은이를 홍대 앞이나 대학로의 밤거리를 걷게 하자. 이 자유스러운 나라에서 자기 또래의 남녀 친구를 사귀게 하고 마음껏 토론하며 은밀한 데이트라도 즐기게 하면서 일주일만 지내보면 북한의 젊은 병사는 자유민주주의를 수호하고 체제를 사랑하는 자유대한의 선량한 젊은이로 거듭날 것이라고 나는 확신한다.

  대승호는 납북된 지 1개월 뒤인 9월 7일 동해상에서 귀환 조치되었다. 그러나 무더웠던 그날 권총을 차고 목을 덮은 군복 차림에 고약한 표정을 짓고 서 있던 판문각의 북한 병사, 그 녀석은 아직도 표정을 풀지 않고 살아갈 것 같다.

2010. 8.

이상한 일

오늘밤에 조모님의 추도예배를 드렸다. 자녀들이 나가 사는지는 오래되어 아내와 둘이서 마주 앉아 성경을 읽고 찬송을 불렀다. 지켜주신 은혜에 감사한 기도를 드리는데 잔잔한 감동을 느낀다.

나의 친할머니께서는 1874년에 태어나셨다. 1942년 동짓달 초이틀 69세를 일기로 돌아가셨는데 어릴 적에는 아버지와 함께 전통의식으로 제사를 지냈고 양친께서 돌아가신 후부터는 할머니와 할아버지의 기일마저 혼동할 때가 많았다. 조상에 대한 효성은 기대할 만한 수준이 못 되어 기일(忌日)인 것을 잊거나 기록해 놓은 것을 확인하지 않고서는 짐작이 되지 않는 것이 참 답답했다. 오늘도 옛날 수첩을 들여다보고서야 기일의 주인공이 할머니라는 것을 확인하고 제사 준비를 한 것은 참으로 부끄러운 일이었다. 조부모에 대한 기억이 전혀 없다 보니 그럴 수도 있겠다며 아내는 나를 이해해 주는 편이다.

그런데 지금 혼동되는 기일에 관한 이야기를 하려는 것은 아니다. 유교식으로 전통제사를 지내던 시절에 겪었던 이상한 일의 기억이 새로워 그날의 이야기를 더듬어 보게 된 것이다.

반세기쯤 전 그날도 오늘처럼 할머니 제삿날이었다. 향불 피우고 좌포우혜 홍동백서 어동육서를 생각나는 대로 진설해 놓고 단정한 옷차림으로 배례를 올린 뒤 음복을 하려던 참이었다.

이웃집 아주머니께서 우리 집 대문으로 들어섰다. 그녀는 지금껏 우리와 안면이 있을 뿐 아무런 교분이 없이 지내던 여인이다. 그분은 지방문(紙榜文)과 향불이 꺼지지 않은 제사상을 보더니 "그럼 그렇지…" 혼잣말을 하면서 "창밖을 내다보고 있자니 늦은 밤인데 어떤 하얀 할머니께서 우리 집으로 들어가시더라."는 것이다. 궁금한 마음에 자신도 모르게 발걸음이 이쪽으로 향해 졌다면서 그렇다면 그 하얀 할머니는 분명히 제수(祭需)를 잡수시러 오시는 우리 할머니의 영혼이라는 것이다.

섬뜩한 기분이 들고 두려운 마음에 소름이 돋아났다. 지금까지 보이지 않는 조상신께서 하림(下臨)하심을 믿고 제사를 드렸으면서도 막상 찾아오신 영혼을 확인했다는 사실에 말할 수 없는 두려움을 느끼는 것은 인간사의 아이러니가 아닐까. 나중에 알게 된 사실이지만 그 여인은 사람이 지나온 일은 물론이고 앞으로 돌아올 일까지 알아맞히는 능력을 가진 분이라는 것이다. 또한 죽은 자의 혼과도 통하며 영매인(靈媒人)의 일을 한 적이 있다고 한다. 오늘 할머니 기일을 맞이해서 추도예배로 제사를 대신하고 나니 지금도 이해할 수 없는 불가사의 했던 그날의 기억이 새롭게 떠올랐다.

그 후 여러 가지 세상 경험으로 고난과 역경과 기쁨과 슬픔, 자랑스러운 성취와 그에 알맞은 열매를 거두면서 살아온 인생사에서 우리는 기독교 신앙을 갖게 되었다. 어릴 적 주일학교에 다니던 내 기억과 아버지 유년시절의 신앙에 영향을 받아서인가 온 가족이 기독교인이 된 것이다.

기독교 규례에 의하면 십계명 첫 번째 항목에 나 외에 어떤 신(神)도 섬기지 말라고 하셨다. 출애굽기 20장 3~5절을 보면 우상을 만들지 말고 어떤 형상에게도 절하지 말라고 가르치신다. 그동안 조상신께 제사를 드리던 우리의 관습은 우상숭배에 불과했다는 것을 알게 되었다. 이제부터는 경건한 마음으로 조상님의 사랑에 감사하며 먼저 돌아가신 영혼이 평안하시기를 기원하는 의식으로 추모예배를 드리게 된 것이다.

그런데 또 한 번 이상한 일을 겪었다. 환갑을 못 채우시고 돌아가신 아버지의 기일에 음식을 차려 놓고 절하는 예는 생략하기로 했다. 그렇지만 아버지께서 평시에 즐기시던 음식과 제사에 빼놓지 않던 메와 탕(湯) 음식을 준비하던 아내는 부뚜막에 앉아 깜빡 잠이 들었던 것 같다. 비몽사몽간이라고 하지만 아마도 잠깐 동안의 낮잠에 빠졌을 때가 아니었을까. 당시는 연탄아궁이 부엌을 사용하던 시절인데 밖으로 연결된 문이 조용히 열리면서 하얀 한복을 곱게 입으신 세 분의 어르신들이 부엌 안으로 들어오셨다는 것이다. 비교적 젊은 모습의 남자 한 분과 연로하신 할머니와 할아버지 이렇게 세 분께서 제사음식을 준비하는 부엌문 안으로 들어오신 것이다.

"젊은이, 우리 셋이 먹을 음식 좀 주시오." 아내는 꿈속일망정 "우리 아버님 제사 모셔야 할 음식이라 새로 하는 음식은 드릴 수 없고요. 여기 아침에 해 놓은 음식이 있으니 이것이라도 잡숫고 가세요."라고 말하며 그 세 어른을 부엌 안으로 모셔서 비록 식은 밥일망정 공손하게 대접했다는 것이다. 맛나게 잡수신 노인들께서는 주머니에서 지폐 몇 장을 꺼내 곱게 접어 아내의 손에 쥐여 주고는 고맙다 하시며 떠나가셨다는 것이다. 그 뒷모습이 너무 애잔해서 시야에서 사라질 때까지 바라보다가 잠에서 깨었다는 것이다. 이왕 대접해 드릴 것이라면 따뜻한 음식이었으면 더 좋았을 것이라며 지금도 아쉬워하고 있다. 40년 전의 일인데 바로 어제 겪은 듯 기억하고 있다는 아내의 말이 잊히지가 않는다.

좀 젊은 남자 어르신은 환갑 전에 돌아가신 나의 선친이었을 것이고 연로하신 부부 어르신들은 조부모의 혼백이 아니었을까 하는 생각은 지금도 변함없다. 오늘부터는 기독교

의식으로 조상님들께 추모예배로 드린다는 우리의 계획을 다 아시는 조상분들께서 제수로 대접받는 마지막 기일이라는 것을 아시고 다녀간 것이 아닐까.

허다한 세상 일 가운데 아는 것보다 우리가 모르는 분야가 더 많을 수 있다. 차원(次元)의 세계가 그러할 것이다. 인간의 세계는 3차원이다. 그러나 4차원의 세계는 우리가 알 수 없어 상상만 할 뿐 이상한 일이라고 할 수밖에 없다. 그 날의 일은 지금도 우리의 뇌리에 깊게 각인되어 참 이해할 수 없는 일로 기억하고 있다.

정말로 이상한 일이 아닌가.

두 분의 해후

 묘지가 사라져 가고 있다. 여의도 면적의 몇 배가 묘지로 침식당하고 있는 현실을 개탄하던 시절이 있었다. 그러나 이러한 우려는 장례문화가 바뀜으로 빠르게 해결되고 있다. 나라에서 염려하고 국민들이 불안해하던 전 국토 묘지화라는 문제점은 지난 세기의 과거사가 되었다. 국가나 개인이나 시대가 흐르면서 변화하고 앞으로 나아가며 발전한다.

 전에는 외진 지역이었던 곳에 도시화가 이루어진 경우가 많다. 국토를 개발하다 보니 산속에서 외롭던 묘지가 사라지거나 인가 근처까지 내려와서는 산 자의 편의로 끝내 없어지기도 했다. 두 번 죽음이라는 당치도 않은 이유로 화장을 꺼리던 관념에서 완전히 벗어나게 된 것이 묘지를 없애는 데 큰 역할을 했다. 장례에 관한 통계청 발표에 의하면 전에 비해서 화장률은 91.8프로에 이르게 증가되었다는 것이다. 이미 고인이 된 지 오래되어 수십 년 혹은 수백 년

된 묘를 열어 화장으로 모시고 그 잔재를 날리거나 평토장으로 모신 경우를 감안한다면 화장 건수의 수치는 더 늘어날 것이고 국토는 그만큼 넓어졌거나 넓어지고 있을 것이다.

어머니는 자신의 사후문제를 이렇게 유언하셨다. "나 죽거든 땅에 묻지 말고 화장을 해 주게." 그러나 그야말로 어머니를 두 번 죽여서는 안 된다는 어설픈 효심에 의해서 유언을 들어 드리지 못했다. 처음 몇 해 동안은 연 2회에 걸쳐 잡초를 깎고 다듬어 유택은 언제나 질 좋은 잔디의 모습이 매끄러워 보기에 좋았다. 그러나 십 년이 지나고 이십 년이 가까워지면서부터는 우리 살아가는 세상일이 우선이 되어 갔다. 6월과 추석 전, 1년에 두 번씩 봉분과 주변의 잡초를 뽑아내고 다듬어 정리한다는 것이 마음속에서 우러나는 효도가 아니라 힘들고 번거로운 의무이며 노동으로 느껴지게 되었다. 나 역시 노령에 접어들어 기력이 부치는 현실에 직면하고 보니 이 어려움을 자식에게까지 물려주지는 말아야 한다는 합리적 명분마저 찾게 되었다. 한마디로 어머니에 대한 효심이 그만 끝났다는 증거였으며 화장을 하라시던 어머니 유언의 말씀을 곰곰이 되새겨 보게 되었다.

선친께서는 60년대 초에 작고하셔서 망우리 공동묘역에 모셨다. 양친께서 죽음 이후에는 거리를 두고 묻히면서 오랜 세월이 흘렀다. 부모를 장사함에 있어서의 매장을 하되 반드시 합장으로 모셔야 한다는 것이 효의 기본이며 부부라는 인연의 완성이자 종결이라는 생각에 이르게 되었다. 그해 4월에 윤달이 들어 산역(山役)이나 유택에 대한 개보수를 하는데 아무런 무리가 없을 것이라며 우리에게 권하는 이가 있었다.

아내와 상의를 거쳐 그해 여름 오래된 아버지의 묘를 열었다. 반세기 이상의 긴 세월 육탈(肉脫) 되신 아버지를 화장으로 모셨다. 한줌의 재로 변하신 아버지의 육신을 받아드는데 무심할 수가 없다. 성숙하지 못한 십 대 어린 시절에 어른들의 결정에 따라 서울이 내려다보이는 산 중턱에 아버지를 묻고 내려가면서 수없이 뒤돌아보던 내 모습이 눈에 보이는 것 같다. 그때의 참담함은 하루도 견디지 못할 것 같은 슬픔뿐이었는데 많은 시련과 연단의 시절을 견디면서 용케도 여기까지 왔다. 같은 시각에 어머니도 누우셨던 유택(幽宅)이 열리고 화장의 예를 거쳐 한 줌 재로 변했다.

승용차 운전석 옆자리에 아버지를 모시고 나는 핸들을 잡았다. 6월의 태양이 작열하는 산길을 내려와 포장된 국도를 달려 어머니 머물고 계시던 산기슭을 향해 달린다. 60년도 더 지난 철모르던 시절에 장례 차(車)에 아버지의 시신을 싣고 묘지로 향하던 때에 느끼지 못했던 감회가 울컥하며 나를 섧게 한다. 예상치 못한 불운으로 낙심하시던 아버지가 떠오르면 지금도 가슴이 아프다. 어린 아들에게 가문과 호주(戶主)만을 상속하고 떠나시던 그날의 아버지는 편하게 눈을 감으셨을까.

6.25 피난에서 돌아와 아무것도 없던 시절, 아버지는 여

름철 밭에 심어진 김장용 배추를 입도선매(立稻先買)의 방식으로 구입해서 김매고 북돋아 과연 상품 가치 있는 채소밭으로 일구셨다. 내일모레면 서울까지 운반해야 할 트럭 여러 대와 작업 인부까지 다 수소문해서 만반의 준비를 마치셨다. 그해의 김장용 채소의 가격이 예상외로 높게 책정되어 밭에 심겨진 배추를 매각했을 때의 이익금이라면 우리의 삶이 수직으로 상승할 수 있다는 기대에 부푸셨다. 그런데 바로 그날 밤 예고 없이 닥친 때 이른 한파로 너른 배추밭은 얼음판으로 변하고 말았다. 당연히 많은 손해를 피할 수 없었고 아버지의 건강은 점차 나빠지기 시작했다. 어렵게 찾아왔던 몇 번의 기회는 예상치 않은 고비로 아버지를 괴롭혔다.

어머니 무덤이 있던 산자락에 노을이 붉게 물들어갈 무렵 양친께서 해후하셨다. 어머니는 평소에 즐겨 입으시던 백목련 빛 명주저고리 같은 하얀색 한지에 곱게 싸여 아버지를 기다리신다. 영혼이 떠나 물체일 뿐인 두 분의 인생 한 시대를 구상나무 아래 곱게 뿌려드렸다. 흙으로 덮기도 하고 더러는 산자락을 휘도는 바람에 날리기도 해서 주변으로 흩어지기도 한다. 육신이 누우시고 근 60년을 기다리시던 아버지께서 이제야 어머니와 만난 것이다.

"이른 나이에 대책 없이 떠나간 무심한 양반아."라고 첫마디를 건네신 어머니에게 "나 없는 동안 부끄럽지 않게 살아준 것 고맙네."라고 화답하셨을 것 같다. 두 분의 해후로 이제는 영원한 세월을 함께 하실 줄 믿으니 후손된 도리 중 하나라도 이룬 것 같아 가슴 속으로 흐뭇한 마음이 솟는다.

『수필문학 추천작가회사화집』 2023년

> # 2
>
> 한 폭의 수채화

서울에서 길 찾기

  남양주에서 대학로 근처로 출근을 하게 되었다. 집안에서 운영하는 어떤 업체에 내가 도울 일이 있어 1년간 계약직을 맡게 되었는데 직장이 생겼다는 것이 즐겁지만 가는 길이 좀 멀다. 경춘선 전철을 이용하면 두 번의 환승을 거쳐 4호선 혜화역에 내릴 때까지 한 시간이 걸린다. 중간에 걷는 시간을 합하면 대략 한 시간 반쯤 걸리는 셈이다. 상쾌한 아침 길을 걸어 전철역에 닿으면 잠시 뒤 열차는 도착하고 정해 놓은 승강장에서 차에 오른다. 몇 번 반복하다 보니 전 과정이 마치 산업 현장의 자동 시스템처럼 정확하고 자연스럽게 이루어진다. 차창 밖 너른 들판에서 아직은 깨어나지 않은 각종 초목들에 물오르는 소리가 들리는 것 같다. 숨어서 자라나고 있을 비닐하우스 속 갖은 농작물인 연녹색 청초함이 보이는 듯하다.

  멀리 가까이 남양주 벌과 야산이 내 시선과 함께 간다.

철 따라 변하는 전원풍경과 끊겼다가 이어지는 산길 자동차 전용도로가 힘든 겨울을 벗어났다. 눈에 익은 천마산의 줄기들이 오고 가다가 사릉 벌을 지나면 은은한 대기 속 수락산 마당바위가 친근한 눈빛으로 세상을 내려다본다. 퇴계원 왕숙천을 건너 별내 신도시에 접어들면 높낮은 건물들 사이사이로 불암산의 바위 봉우리가 거대한 부처의 모습으로 다가온다. 열차가 서울의 변두리로 진입하면 지금까지 느끼던 산촌의 목가적 풍경은 마무리되고 상봉역을 지나 청량리역에 도착한다.

영하 10도를 밑돌던 지난겨울 얼마간 승용차를 이용해 출근을 한 적이 있다. 추운 날 적당한 온도로 데워진 차내의 쾌적한 분위기에 앉아 따뜻한 핸들을 잡고 의자에 몸을 실으면 대중교통을 이용하는 것에 비해 육신은 참 안온하다. 라디오에서 흘러나오는 클래식 아침방송을 감상하면 가끔 도로가 정체되어도 느긋하고 여유로운 마음을 유지할 수가 있다.

내가 사는 아파트 뒤편에 자동차 전용도로가 있다. 가평군에서부터 시작되는 고속화 도로인데 이 길이 끝나는 부분에서 우회전하면 일산 방면으로 연결되고 좌측으로는 중부고속도로와 이어진다. 직진으로 진행하면 삼육대학이나 서울여대 앞을 거쳐 태릉선수촌과 육군사관학교 앞을 통과해 동부간선도로를 건넌다. 그런데 출퇴근길 이 도로는 많은 교차로에서 신호를 기다리는 차량의 물결로 평온한 마음을 유지하기가 쉽지 않다. 정지신호가 끝나고 녹색 신호등이다 할 때까지 밀려있던 자동차가 그곳을 벗어나지 못하고 또 다음 신호에 막혀버리는 악순환으로 정체를 피할 수가 없다. 복잡하게 얽히고설킨 길을 지나 석계역 고가를 넘어 월곡동에 이르기까지 계속되는 지체는 웬만한 인내심이 아니라면 자신의 수양 부족을 탓하게 될 것이다.

 이곳을 빠져나왔다 해서 쉬운 길이 나오는 것은 아니다. 월곡동에서 미아리 고개를 올라 성신여대 그리고 삼선교와 혜화동에 이르기까지의 복잡한 정체 상황은 쉽게 해소되지 않는다. 전철을 이용할 때에 비해서 출근 시간은 오히려 더 오래 걸린다. 그러나 추위를 피할 수 있는 장점과 겨울비라도 내리는 날의 편리함으로 한동안 승용차를 이용하게 되었다. 정체된 길에서 귀한 시간 허송하다 보니 좀 더 빠른 다른 길을 찾고 싶었다.

 집에서 출발하고 자동차 전용도로를 이용하는 것은 전과 같다. 그런데 도로 끝부분에서 태릉으로 직진했던 것에 반해 판교 쪽으로 향하는 좌회전 코스를 택한다. 그 길은 수도권 제1순환고속도로의 연장선으로 송추 방면에서 온 차량들이 강동대교를 건너 중부고속도로로 진입하게 된다. 이 기점으로부터 2킬로쯤 가면 구리시 인근에서 성산대교로 이어지는 내부간선도로를 이용할 수가 있다. 이 길은 태릉 방면의 일반 차도에 비해서 흐름이 사뭇 빠르다. 가끔씩 지체되는 경우도 있지만 그 시간이 그리 길지가 않아 10분 정도 서행하다 보면 자연적으로 정체는 해소되어 고가도로

인 월곡 정릉 그리고 홍지문 쪽으로 향하게 된다.

그런데 이 길은 자주 이용하던 길이 아니다 보니 익숙하지가 않다. 고가로 만들어진 내부 순환도로에서 어디쯤 내려가는 램프(Ramp)가 있는지 혼란스럽다. 정릉에서 북악터널을 지나면 평창동으로 이어진다. 차라리 세검정 삼거리에서 좌회전해서 경복궁을 돌아 혜화동 쪽으로 갈까. 조심해서 운행하다 보니 마침내 길 오른편에 국민대학으로 내려가는 길이 보인다. 우측 깜빡이를 넣고 고가도로를 내려오니까 전방에 ∩자 모양의 정릉 지하차도 반환점이 보인다. 좀 지나쳐 오긴 했어도 아리랑고개 입구로 되돌아가서 성신여대 방면으로 우회전하면 아는 길이 펼쳐질 것이다.

그런데 여기서부터 문제가 생겼다. 직진으로 가는 길을 찾는데 고가 내부순환도로 진입로와 분별이 명확하지 않고 좌회전 길과 직진 차선이 판단을 어지럽힌다. 고가도로의 기둥을 사이에 두고 좌우로 갈라진 같은 듯 다른 길을 조심스럽게 운행하다 보니 직진처럼 보이는 우회전 길이 나온다. 순간적으로 핸들을 돌려 오른쪽으로 구부러진 길로 접어들었다. 순발력의 부족으로 인한 판단의 오류다. 직진 코스를 이탈하지 않았어야 아리랑고개 방향으로 갈 수가 있다. 진로를 수정하기는 이미 늦었다. 뒤에서 따라오고 있는 1톤 트럭이 바쁘다고 클랙슨으로 재촉한다.

언뜻 성북동길이라는 안내표시가 급하게 지나간 것 같다. 기왕 잘못 들어선 길 그대로 더 가 보기로 한다. 굴곡이 심한 좁고 가파른 길로 올라가 고개를 넘어가자 대사관로라는 도로명이 길모퉁이에서 운전자의 시선을 끈다. 고풍스러운 돌담과 기와지붕이 단아한 한국 가구박물관 앞 산복도로를 달린다. 많은 차량이 왕래하는 것과 아스팔트에 검은색 윤기가 흐르는 것으로 보아 내가 모르는 도로인데 편리하게 이용되는 길이 분명하다. 성북구에서 태어나고 자라 성인이 될 때까지 살아온 고장이라 관내는 마치 손바닥처럼 익숙하다던 시절은 벌써 한 세대 전에 지나갔나 보다.

  복잡하지만 필요에 의해 조성된 새로운 도로가 눈앞을 어지럽힌다. 비탈길로 한 블록쯤 주행하다 보니 길 안내 화살표가 보인다. 좌측 길로 내려가면 삼선교다. 이쯤 왔다면 아리랑고개로 돌아가는 것보다 한결 단축되었다. 그 길로 한 블록만 더 직진하고 좌회전한다면 혜화동에 이른다는 것은 두 번 생각할 필요도 없다. 삼각형 두 변의 길이를 한 변으로 단축시킨 거다. 정결하고도 명료하게 이어지는 성북동 산길을 내려오니 경신고교 앞을 지나 혜화동 로터리에 이르렀다. 지금까지의 출근 시간에 비해서 반 시간쯤 단축되었다.

  잘못 들어선 길이 나도 모르는 새에 지름길이 되었다.

  뒤돌아보니 길이 보이지 않는다고 실망하거나 불안해할 필요는 없었다. 길은 어디에고 있다. 인생도 잘못 들어섰다고 좌절할 필요는 없다는 생각이 든다. 굽은 길을 잘못 본 것일 수도 있다. 요즘은 봄이 익어 곳곳에 목련꽃이 벙글어 웃고 섰는 것을 감상하면서 전철을 이용한다.   2022. 4.

비를 맞다

비 오는 날 우산은 소중한 필수품이다. 그러나 비가 내리다가 중도에 개었을 때는 거추장스러운 짐으로 변한다. 남성들의 소지품 중 가장 잃어버리기 쉬운 물건은 우산이라는 데 이견은 없을 것이다. 더욱이 중간에 비가 그친 날이면 웬만한 남자들의 기억력은 우산에서 이미 멀리 떨어져 있을 것이다.

이만큼 살아오며 사용한 우산은 몇 가지가 된다. 5, 60년대에는 기름 먹인 종이우산을 많이 사용했다. 새로 산 지(紙)우산을 처음 펼쳤을 때 우산 위로 떨어지는 빗방울 소리는 경쾌한 음악처럼 탄력성이 느껴져 듣고 즐기는 멋이 있었다. 젊은 시절 나는 비 오는 날의 정경이 좋고 우산에 떨어지는 빗소리가 듣기 좋아 하릴없이 빗길을 걷기도 했다.

70년대 들어 비닐제품이 널리 보급되면서는 하늘색 비닐우산이 주종을 이루었다. 대나무를 이용해 만들어진 비닐우산은 물자가 넉넉지 않던 그 시절에도 가격에 부담이 없었다. 그러나 바람이라도 요란하게 불 때에 잘못 펼치면 새것이라도 뒤집어지거나 찢어지는 곤욕도 겪어야 했다. 그런데 중도에 비가 개면 아무 곳에나 던져 버려도 아깝지 않다는 장점이 있기도 했다.

그때는 검은색 헝겊 우산은 흔치가 않았다. 질긴 천으로 만들어진 우산은 소지하고 있는 사람의 인품까지도 고상하게 보이던 시절이었다. 요즈음은 어린아이들도 천으로 만든 검은색 우산을 쓰고 다닌다. 촘촘한 우산살로 받쳐 만든 방수천의 우산은 보기에도 튼튼해 보이고 많은 비가 내려도 물방울이 쉽게 새어들지 않는다. 그런데 중도에 비가 그쳤다 하면 이것 역시 놓고 나오기 일쑤라 정신을 바짝 차려야 한다.

그런데 우산은 오로지 비를 피하거나 가리는 용도보다 그 상징성에 더욱 깊은 의미를 두는 경우가 많다. 대중가요의 노랫말에 보면 '나는 당신 우산이 되고'라고 하는 나훈아의 사랑 노래가 있고 우순실의 '잃어버린 우산'이라는 퍽 감성적인 노랫말도 있다. 이는 사랑하는 사람이 겪게 되는 아픔을 막아주는 우산 같은 존재가 되거나 외로운 마음을 달래주고 감싸며 사랑하겠다는 의미를 담고 있다. 화제를 좀 더 비약시키자면 핵우산이라는 전쟁용어도 있지만 그 무시무시한 공포감은 상상하는 것조차 싫어 여기서는 생략한다. 어떻든 우산이라면 용도나 의미로서도 우리에게 없어서는 안 될 필수품인 것은 분명하다.

　요즘은 또한 노란우산 무슨 회라는 제도가 있어 중소상인들의 경제적 보호막이 되어준다는 광고도 볼 수가 있다. 이와 같이 우산이란 비 오는 날 물리적으로 필요한 물건이기도 하지만 재난 혹은 재해로부터 보호받는 사회적 안심제도로 표현되기도 한다.

　한때 제조업을 운영하던 친구의 이야기다. 수십 명의 직원들과 착실한 경영으로 생산하고 국내외로 많은 주문과 오더를 받아 열심을 다 하던 때 지역 은행에서 기업의 우산이 되어 주겠노라며 좋은 조건으로 융자를 제의해 왔다. 마침 시설 증축을 구상하던 때라 공장 건축 부지를 구입하고 공사가 시작될 무렵 때마침 불어 닥친 IMF의 파고로 인해 운영은 차질을 빚게 되었고 투자했던 증축계획은 무용지물이 되고 말았다.

　소식이 알려지자 제일 먼저 찾아온 방문객은 융자를 제의해 왔던 은행 측 담당자였다. 도움이 되고 우산이 되어 준다던 그는 빠른 시일 내에 융자금을 환수하겠다며 기일을 임박하게 설정하고 돌아갔다. 정작 바람 불고 굳은비가 심하게 내리는 날 찾아와서는 빌려간 우산을 얼른 내놓으라며 엄포를 놓은 것이다. 은행의 입장으로 볼 때는 그럴 수 있을 것이라며 이해할 수 있어도 얄팍한 세상인심은 어디서든 찬바람이 매서울 뿐이다.

　며칠 전 흐린 날 새벽 시간에 외출할 일이 생겼다. 일기

예보를 확인했더니 강수 확률은 50프로라고 한다. 이 수치(數値)는 계산할 것도 없이 비가 오거나 안 오거나 둘 중에 하나라는 의미다. 우산을 가지고 나가라는 아내의 말을 무시한 채 빈손으로 외출을 했다. 돌아오는 길에 버스를 탔다. 이른 새벽 창밖을 내다보니 조금씩 내리는 빗방울로 더러는 우산을 받쳐 든 행인도 있고 그냥 걷는 이들도 있다. 버스의 운전대 앞창을 보니 윈도 브러시가 진양조 판소리처럼 여유 있게 빗물을 훔쳐대고 있다. 새벽길을 달려 내려야 할 정류소에 도달했다. 그런데 내가 내리기를 기다렸던 것처럼 하늘에서는 요란하게 빗줄기를 퍼붓기 시작한다.

빗줄기는 더욱 굵어지고 비를 피할 만한 곳은 만만치 않다. 지나가는 택시라도 있다면 좋겠는데 이른 새벽 아직은 출근 시간 전이라 앞을 지나는 빈 차가 없다. 다행히 인근 건물의 처마 밑 작은 공간이 있어 그곳으로 몸을 피하고 빗줄기가 뜸해지기를 기다렸다. 내리는 비의 세력이 잠시 주춤하는 틈을 이용해서 건물 뒤 편의점으로 뛰어들었다. 그리고는 우산 하나를 집어 들고 계산대에 섰다.

"만 사천 원입니다." 가격을 잘못 들은 줄 알았다. 다시 물어도 분명히 만 사천 원이다. 잠깐 생각했다. 집까지 걷는다면 5분이면 족하다. 집에는 기념품으로 받은 큰 우산이며 가끔씩 사용하는 중간 우산 그리고 접는 우산과 살이 꺾인 헌 우산까지 족히 열 개가 넘을 많은 우산이 있다. 아무리 비 오는 새벽녘 우산 파는 곳이 이곳뿐이라 해도 구입할 마음이 생기지 않는다. 5분쯤 걷기로 하고 그냥 편의점을 나섰다. 간편한 여름옷 한 벌 세탁하면 그만이라 마음먹고 비를 맞으며 걸었다. 꼭 만 사천 원 만큼의 비를 맞은 셈이다.

그런데 알 수 없고 오묘한 것이 인간사인가. 빗속을 쉰 걸음도 채 걷지 않았는데 세차게 내리던 빗줄기가 가늘어지더니 이내 멈추는 것이 아닌가. 가벼운 걸음으로 집에 도착했는데 얇은 여름옷 상의가 촉촉하게 젖었을 뿐이다. 소중한 현금을 아꼈다는 사실도 그러하지만 순간적 결정이 적중했다는 것이 마음을 즐겁게 했다. 만약 접는 우산 하나를 구입해서 빗속을 걷기 시작해 오십여 미터쯤 갔을 때에 비가 그쳤다면 그 비싼 우산값에 대한 박탈감도 그렇지만 한 치 앞도 예측하지 못하는 내 진득하지 못한 무력함에 얼마나 낙망하며 후회했을까.

지나친 비약이나 인간의 정신이 해결의 열쇠를 발견하지 못한 우연이나 요행 혹은 신비란 이런 것이 아닐까.

『수필문학』 2019년 7월호.

몽유도원도(夢遊桃源圖)

안평대군(安平大君)은 세종대왕의 셋째 아들이다. 첫째는 문종이며 둘째는 수양대군이다. 어느 날 안평대군 이용(李瑢)은 꿈속에서 본 아름다운 경치를 못 잊어 당대의 최고 화원인 안견(安堅)을 자신의 사저로 부른다. 꿈속 경관을 이야기하면서 그대로 그릴 것을 부탁한다. 1447년 4월의 이야기이다.

안견은 3일 만에 대작 몽유도원도(夢遊桃源圖)를 그렸다. 그 시절 조선의 으뜸가는 서예가이며 인문학의 높은 안목을 가진 안평대군은 마음에 흡족하여 시를 짓고 박팽년, 신숙주, 서거정 등 23명의 인사에게 시로 첨서할 것을 제안한다. 이렇게 해서 조선 최고의 그림으로 불리는 몽유도원도는 탄생하게 되었다.

그 후에도 안평대군과 안견은 가깝게 교우하며 지낸다. 어느 날 안견은 안평대군이 살고 있는 사저로 찾아왔다. 그림과 서예에 대한 고담준론을 나누던 자리에서 안평대군은 명나라에서 수입된 먹이 있다며 안견에게 보여준다. 국내에서는 쉽게 만날 수 없는 중국제 용매(龍煤) 먹을 감상하던 안견은 대군이 잠시 자리를 비운 사이에 이것을 자신의 소매 속에 감춘다.

수양과 안평은 형제간이지만 왕권에 대한 야심으로 세력대결과 정적의 구도로 변한 지는 오래되었다. 이날 안평과 안견은 조심스럽게 정치에 관한 이야기도 나누었을 것이다. 한참의 시간이 지나고 안견은 귀가하려고 자리에서 일어나는데 소매 속에 감추었던 용매 먹이 방바닥에 떨어졌다. 이 광경을 바라본 대군은 크게 노하며 안견과의 절교를 선언한다.

안견은 한동안 묵묵히 서 있으면서 여러 가지 생각을 했다. 과연 나의 비열한 행동이 후세에 어떻게 전해질까. 그러나 이미 엎질러진 물과 같은 일이 되고 말았으니 어찌하랴. 안견은 애써 표정을 감추고 대군의 집에서 물러 나온다. 안평은 각계의 인사들에게 이 이야기를 퍼트려 다시는 안견과는 상종치 않겠다고 선언하며 세상이 그를 비웃게 만들었다.

1451년 안평은 마침내 자신이 꿈속에서 보았고 안견을 시켜서 그려 놓은 몽유도원도 속의 경치와 똑같은 장소를 찾아내게 된다. 그곳은 바로 지금의 서울 종로구 부암동 일대다. 해마다 4월이면 복숭아꽃이 지천으로 피어나는 곳. 안평은 그곳에 무계정사(武溪精舍)라는 별장을 짓고 그를 따르는 인사들과 은밀하게 교류한다.

  그 무렵 수양대군 측은 권람이 천거한 모사 한명회 등의 책략으로 강력한 세력을 늘려가고 안평대군 측은 상대적인 수세에 몰리는 처지가 되었다. 1453년 10월, 마침내 수양은 계유정난(癸酉靖難)을 일으키고 김종서, 황보인 등 반대파들을 대거 숙청한다. 안평 역시 강화도로 귀양살이를 떠나게 되지만 곧 사약을 받고 그해 죽음에 이르게 된다. 따라서 몽유도원도에 찬문을 쓴 안평의 가신들인 23인의 문사들은 대부분 차례로 죽음을 당하게 된다. 몽유도원도는 일종의 살생부가 된 것이다.

  그러나 안견은 안평으로부터 버림을 받은 사실이 공개되었기에 죽음에서 벗어나게 되었다. 그를 아는 사람들은 그때서야 중국제 용매 먹을 훔친 것이 계산된 안견의 예지력이었다며 감탄하기를 마지않았다. 그 후에도 안견은 유명한 작품을 탄생시키며 조선 4대 화가(정선, 김홍도, 장승업, 안견)의 반열에 들게 된다.

  안견은 이러한 앞일을 예측하고 안평대군에게 절교당하기 위해서 고의적으로 용매 먹(龍煤墨)을 훔치게 된 것을 안평대군 역시 이미 알고 있었다. 용매 먹 사건은 자신만이 알고 넘길 수도 있었을 텐데 구태여 세상이 다 알도록 공개한 이유가 바로 여기에 있었다. 세력의 균형이 깨어진 뒤 수양대군의 난폭한 기질과 무단정치의 기세로 보아 앞날을 예측하기란 그리 어려운 일이 아니었을 것이다.

안견의 인품으로 보아서 하찮은 먹 한 개를 훔칠 만한 소인배가 아니다. 그것도 쉽게 탄로 날만큼 허술하게 절도행각을 벌였겠는가. 안평은 조선의 으뜸가는 화원을 아끼고 죽음에서 벗어나게 하려고 자칫 노한 척하며 절교를 선언하고 만천하에 공개했던 것이다. 국보급으로 남아있어 후세에 조선의 문화를 계승시켰어야 했을 몽유도원도는 임진왜란 때 일인에 의해 약탈당한 것으로 확인되었다. 1893년 일본정부에 정식 등록, 지금은 그 나라의 국보가 되어 덴끼 대학(天氣大學) 중앙 도서관에 소장 중이다.

　안평대군의 별장이었던 무계정사는 그의 세력들이 모이던 곳이라 해서 이내 불태워 없애 버렸다. 지금도 그때와 같이 변하지 않고 건재한 것은 무계동(武溪洞)이라고 바위에 새겨진 안평대군의 친필 글씨와 해마다 사월이면 몽유도원도에서와같이 복숭아꽃이 흐드러지게 피어나 오가는 이들의 발걸음을 잠시 멈추게 하는 것이다.

　무계정사의 옛터. 종로구 부암동 329번지. 찬탈해서 누리던 권력의 시절도 아득하게 가 버리고 세월은 무정하게 흘러 560여 년이 지났다. 우리가 살고 있는 이 시대의 모든 정치적 갈등 역시 흔적으로 남아 역사라는 바위에 새겨질 것이다. 무계동(武溪洞)이라는 암각 글씨와 같이 오랜 세월 남아있을 이 나라의 바른 역사를 위해 자유민주주의를 부정하는 불순세력을 몰아내는데 온 국력을 다해야 할 때가 아닌가.

간병일지

입원 중이신 어머니 건너편 침상에 새로운 환자가 들어왔다. 다른 병원에서의 입원치료를 거쳐 간병이 편리한 집 근처 병원인 이곳으로 옮겨 왔다는 것이다. 올해 48세의 여인으로서 슬하에는 장성한 두 남매와 남편이 있다고 했다. 노인 전문 병원인 이곳에서는 꽤 젊은 편에 속했지만 오랜 투병생활로 심하게 야위어 있었다. 그러나 균형 잡힌 콧날과 시원한 눈매가 건강했을 때의 빼어난 미모를 짐작하게 한다.

침상을 정리하고 편히 누운 뒤에 그녀는 힘겹게 말을 잇는다. 위암이 늦게 발견되어 암세포가 간 외에 다른 장기에까지 전이되어 수술할 수 있는 기회를 놓쳐버렸다는 것이다. 이제는 진통제만 맞으면서 운명을 기다리고 있을 뿐이라며 가쁜 숨을 몰아쉰다. 그는 이미 인생 종말에 대한 공포나 삶에 대한 미련 따위는 초연한 듯 담담한 표정이다. 가슴 아프고 애처로워 어두운 터널을 지나는 듯한 요즘의 나를 더욱 심란하게 만든다.

피할 길 없는 벼랑 끝에 서 있는 그녀에게 과연 무엇이 필요할까. 그의 곤고한 영육을 무엇으로 위로할 수 있을까. 간호사가 신상 조사를 할 때에 들으니 분명 그녀는 종교를 갖고 있지 않다고 했다. 그래, 전도하자. 전도해서 구원받고 천국 가게 하자.

마음속으로 준비하고 연습하며 여러 번 기회를 보다가 조심스럽게 말을 건넨다. "아직도 젊은 나인데 포기하기엔 너무 이르지 않아요?" 그녀는 자조 섞인 엷은 미소를 띠며 "이젠 틀렸어요." 한다. "기적은 지금도 일어나고 있어요. 하나님을 믿으시고 그분께 앞길을 맡겨 보세요. 살 수 있습니다." 하나님의 계획하심을 우리는 알 수 없다는 것과 그분께서 하시고자 하면 불가능이 없다는 것을 간곡하게 설명한다.

그녀는 고무호스를 통해서 흘러나오는 말기 암의 적갈색 복수(腹水)를 체념의 눈으로 바라보며 "나 지금이라도 하나님을 믿을 수 있나요?" 한다. "있고말고요. 물론이지요." 창조주이신 하나님께서 우리를 향하신 사랑과 예수님의 대속하신 은총을 간단하게 설명한다. 장황하면 지루해할까 봐 되도록 간결하게 전했더니 잠시 통증을 잊은 듯 나를 바라보는 눈이 맑다.

요한복음 1장 12절의 말씀을 읽어준 후 야위어진 그의 손을 잡고 간절히 기도한다. "주님께 돌아온 이 여인에게 자비와 긍휼을 베풀어 주시옵소서." 그녀는 이렇게 말한다.

"예수 믿고 살려는 욕심 때문이 아니고 지금 죽더라도 하나님 믿고 죽고 싶은 거예요."

예수님의 오른편 십자가에 못 박힌 강도는 죽음 직전에 회개함으로 낙원에 거하는 구원을 받았다. 임종을 앞둔 병상에서 하나님을 영접한 이 여인의 믿음 또한 예수님께서 받아주셨으리라.

요한복음 11장 43절 이하 말씀, 죽은 나사로를 살리신 기적과 여러 가지의 병을 고치시는 예수님의 기사와 이적을 찾아 읽어 주었다. 또한 이사야 41장 10절 말씀을 읽으며 하나님을 믿으니 이제는 두려워하지 마시라며 위로했다. 병실 유리창을 통한 밝은 겨울 햇살이 그녀가 누운 침상 위로 고요하게 드리운다. 어느 곳의 어떤 상황에서도 우리의 기도를 들어주시고 영혼까지 받아주시는 하나님의 사랑을 어찌 다 전하랴.

긴장하고 초조한 며칠이 지났다. 내가 나가는 교회 목사님의 특별 병상 세례를 받으며 그녀는 감사의 표현을 수없이 하며 안쓰러워한다. 그녀를 위해 이제 나는 무엇을 해 주어야 할까. 때때로 그와 그 가족을 위하여 기도하며 조금의 시중이라도 들어주고 싶으나 그 못지않은 위독한 증상으로 괴로움 당하고 있는 어머니의 간병이 여유 있는 시간을 허락지 않는다. 안타까운 마음으로 그를 건너다보노라면 어쩌다 마주치는 그녀의 시선은 부드럽고 밝다. 괴로운 가운데에서도 미소 지으려는 그녀의 의지는 그가 할 수 있는 유일한 신앙의 고백이었을 것이다.

쇠진한 그녀에게 성경책의 무게가 너무 힘겨울 것 같아 메모지에 옮겨 써서 건네준 주기도문을 모두 암기하노라면서 나를 향해 소리 내어 외운다. "고마워요, 이 은혜 잊지 않을게요." 가쁜 숨을 몰아쉬면서 눈물을 글썽인다. 나도 눈물이 난다.

침체 되고 어둡지만, 간간이 찾아드는 무통의 짧은 시간에 주님 가르쳐 주신 기도문을 읽고 또 외우며 몇 번의 밤낮을 보낸 새벽녘 그녀는 사랑하는 가족의 품에서 조용히 눈을 감았다. 영원으로 향하는 그녀의 평안한 모습을 보며 나는 기도한다. "이 영혼을 받아주신 것을 믿고 감사드립니다. 고통 없는 주님 나라에서 편히 쉬게 하소서."

새벽잠에서 아직 깨어나지 않은 조용한 병동의 이른 시각, 그녀는 지하 영안실로 옮겨졌고 그가 떠나간 빈자리엔 아직도 그녀의 체온이 가시지 않은 주기도문의 손때 묻은 메모지가 쓸쓸하게, 그러나 빛나는 영혼의 모습으로 남아 있었다.

그녀가 떠나고 며칠이 지난 3월 초하루 어머니께서도 소천, 영면에 드셨다. 23년이 지난 옛이야기다.

> "영접하는 자 그 이름을 믿는 자들에게는 하나님의 자녀가 되는 권세를 주셨으니 이는 혈통으로나 육정으로나 사람의 뜻으로 나지 아니하고 오직 하나님께로서 난 자들이니라"(요한복음 1장 12~13절)

『기독교수필』 2021. 31집

겉볼안

 겉볼안이라나. 겉만 봐도 속을 알 수 있다는 말이다. 어제는 대낮 최고기온이 영하 5도를 기록한 올겨울 들어 몇 번 안 되는 추운 날씨였다. 외출에서 돌아오는 길인데 아파트 단지 입구에 '세상에서 제일 맛있는 호떡'이라는 허위일 게 뻔한 과대 광고문을 써 붙인 소형 화물차 한 대가 서 있었다. 기름기가 여기저기 튀어 있는 헝겊 광고판을 찬바람에 나풀대는 푸드 트럭이 언제부터인지 아파트 입구 샛길에 자리 잡고 영업을 하고 있었던 것이다.
 입춘 절기가 지난 2월 중순이라 꽃샘바람까지 불어 체감온도는 더 떨어진 날이다. 호떡이고 뭐고 그보다 더 귀한 게 있다 해도 쌀쌀한 날씨가 발걸음을 재촉하는 날이다. 그런데 차 앞에는 몇몇 아낙네들과 초·중등생으로 보이는 소년들 몇 명이 줄을 서서 호떡 나오기를 기다리고 있었다. 잠깐 보았더니 고소한 기름 냄새와 함께 동글납작하게 눌려

지고 알맞게 부풀려진 호떡이 기름 속에서 자글자글 노릇노릇 익어가고 있었다. 자극적인 모습이 식욕을 느끼게 해 발걸음을 멈춘다. 모처럼 집에 와 있는 어린 외손자들이 좋아할 것 같은 생각에 대열 맨 뒤에 섰다.

  영하의 날씨가 꽤 차갑게 느껴진다. 입춘이 지나면 봄바람이 뼛속까지 스며든다는 옛 어른들의 표현처럼 옷 속까지 추위가 몰려든다. 몇몇 젊은 부인들이 종이봉지에 넣어 주는 호떡을 소중하게 받아 가지고 제 갈 길로 사라졌다. 내 앞으로 두 사람만 남아있어 나도 호떡이 익어가는 화덕 앞으로 다가서게 되었다. 떡을 굽는 주인의 인상과 행색을 보니까 현직에서 퇴직한 지 얼마 안 되었을 것 같은 장년이다.

  그는 그릇에서 떼어낸 반죽을 손으로 적당하게 넓히고 플라스틱 그릇에 있는 호떡 소를 숟가락으로 크게 한술 떠 넣고 작은 보따리를 꾸리듯 마무리한다. 그런데 워낙 반죽에 물기가 많아 질척한 데다가 양손에는 비닐로 된 위생장갑을 끼고 있어서 손놀림이 자유롭지가 않아 어설프기까지 하다. 게다가 아물려진 반죽은 가끔씩 빈틈이 생겨 속에 넣은 호떡 소가 그 뚫린 곳으로 조르륵 새어 나오기도 한다. 주인은 반죽 그릇에서 한 점 떼어다가 뚫어진 곳을 대충 메꾸어 놓는다. 호떡을 성형하는데 생기는 작은 실수라고 할 수 있는데 그러기를 하나 걸러 한 번씩은 반복하는 것 같다.

  그러한 모습을 내가 들여다보는 것이 민망스러워서인지 한마디 한다. "땜질하는데 아주 이골이 났습니다요." 그것은 나에게 하는 말은 아닌 것 같다. 혼잣말로 중얼거리는 다소 자조 섞인 그의 억양에서 가벼운 해학적 분위기를 느낀다. 바쁘게 호떡을 빚어 팔고 있는 그의 행동을 하릴없이 곁에서 들여다보면서 얼른 익어가기를 기다리고 서 있는 늙은 내 모습은 그가 보기에 코미디의 한 장면처럼 느껴졌을 것이다. 한데 내 눈에는 그 역시 어설픈 손놀림으로 떡을 빚으면서 적당 대충 마무리하는 모습이 코미디 프로의 한 장면이라 해도 어색하지 않을 것 같다.

그는 유머를 알고 즐기며 사용하는데 거리낄 것이 없는 소탈한 인생처럼 보인다. 또한 융통성 있고 홀가분하게 사는 자유인 같기도 한 것이 꽤히 친근감이 간다. 가만히 있으면 그가 한 말이 그냥 허공으로 날아가 버려 말한 이가 무색해 할 것 같아 나도 실없이 한마디 한다. "시작하신 지 얼마 안 된 것 같네요." 그는 얼른 대답한다. "네 일주일 되었습니다." 바쁘기도 하고 두 손이 차갑게 언 상태로 호떡을 빚으면서도 상냥하게 대답한다. 그는 현직에 있을 젊은 시절엔 수준 있는 업무에 종사했음직한 인상을 풍기기도 한다.

겨우 일주일 되었는데 이 정도라면 비교적 좋은 솜씨라고도 할 수 있을 것이다. 하지만 일주일이나 되었는데 아직도 이렇게 동작이 어설프고 만들어 놓은 결과물이 소졸(疏拙)하냐고 할 수도 있을 것이다. 다른 일을 처리하는 것은 볼 수 없어 모르겠지만 손재주나 요령에는 둔한 자인지도 모른다. 매사에 서툴고 재주 없는 나를 생각해 보니 내가 그이 같기도 하고 그가 나 같기도 하다. 좀 더 묻고 인간적인 소통을 나누고 싶은 마음이 없지 않았지만 그의 분주한 손길을 방해하는 꼴이 되기도 하거니와 개인의 사생활을 묻는 것은 예의가 아니기에 그냥 가만히 있었다. 호떡은 익어가고 또 몇 번의 구멍 난 곳을 땜질하는 가운데 내 차례가 다가왔다.

내 뒤에는 중학생으로 보이는 남자애 둘이서 발을 동동 구르며 추위를 참고 있다. 이 추위에 그거 하나 먹고 싶은 일념으로 기다리고 서 있는 것을 보니 집에 있는 손자 애들과 다름이 없다는 생각이 들어 애처로운 마음이 든다. "나보다는 이 아이들부터 주어도 좋다"고 했더니 주인은 내 것 다섯 개와 저 아이들 것 두 개가 동시에 나오니 그럴 것 없다며 가볍게 웃는 인상이 따뜻하다.

봉지에 담아주는 호떡 다섯 개를 받아들었다. 영하의 추위에 얼어붙은 길을 걸어 집으로 향하는데 눈 섞인 봄바람이 세차게 몰아친다. 집에 들어와 봉지를 열어 아직도 뜨거운 호떡을 꺼내 보니 그 모양이 각색이다. 동그랗게 만들어져 노릇노릇 잘 익은 놈이 있는가 하면 어떤 것은 일그러진 네모나 마름모에 가깝게 빚어진 놈도 있다.

할미는 아이들이 잘 먹을 수 있도록 요령껏 손에 쥐여 준다. 나는 좀 못생긴 놈으로 집어 들었다. 설탕물이 터져 나올 듯 통통하고 노랗게 익은 부위를 입에 넣으니 고소하고 바삭한 식감이 향기로운 꿀맛이다. 호떡을 굽던 남자의 편한 인상과 영악하지 않게 보이던 따듯한 마음이 호떡에 들어있는 것 같다. 겉볼안이라는 말이 있기는 하지만 겉모양이 매끄럽지 못하다 해서 그 안에 들어있는 맛까지 그렇지는 않다.

  사람도 그렇지 싶다. 빚어 놓은 호떡 반죽이 터져서 수시로 땜질을 해 붙여 만든 못생긴 호떡인데도 '세상에서 제일 맛있는 호떡'이라는 광고문구가 거짓이 아니게 느껴진다. 우연하게 맛있는 호떡집을 만났다. 창밖에 봄눈이 휘날리는 쌀쌀한 날인데도 맛있게 먹는 어린 것들을 바라보면서 따듯한 시간을 보냈다. '좋은 맛집 하나를 발견하는 것은 우주에서 새로운 별 하나를 발견한 것보다도 더 낫다'고 하는 말이 틀리지 않는 것 같다.

2020. 3.

플라톤과 나의 행복

 누구나 사소한 것에서 행복을 느낄 때가 있다. 근래 내 생활이 단조롭고 변화가 없으니 사소한 일의 연속일 수밖에 없다. 정해진 생활공간에서 지내다 보니 무료함도 느끼지만 종종 행복하고 감사한 마음을 갖기도 한다. 고희를 지나 이제야말로 노년에 이르러 집에서 세 끼 식사를 해결할 수밖에 없는 때인데도 나를 필요로 하는 일터가 있다는 것이 얼마나 감사한 일인가. 게다가 삼대가 덕을 쌓아야만 가능하다는 주말부부로 살아가고 있으니 나를 부러워하는 친구들이 많다. 생각하면 확실한 행복이며 감사한 일이다.
 생활비 이상의 금액을 정기적으로 아내의 통장에 입금을 시켜 주는 것은 받는 이보다도 보내주는 내가 더 행복하다. 내가 하는 일이 설혹 남 보기에 하찮은 일이라 해도 아무려면 어떠랴. 사람을 그릇에 비유한 성경은 귀한 그릇은 귀하게, 천한 그릇은 천하게 쓰이기도 하지만 자기를 깨끗하게 하면 귀히 쓰는 그릇이 되기도 한다고 가르친다. 나는 내 그릇이 귀하지 않다 하더라도 지금껏 살아오면서 깨끗하게 쓰임받기를 염두에 두며 살아왔다. 소위 금수저를 물고 태어나 화려한 인생을 살지는 못했어도 천박한 인품으로 태어나지 않은 것에 나는 감사한다. 지금도 내 그릇에 합당한 일을 하며 산다고 믿으니 아쉬울 것도 불만스러울 것도 없다. 직업에는 귀함도 천함도 없다. 다만 천박하게 행동하는 사람도 있다는 데는 동의하며 살아간다.

지난 토요일엔 일을 마치고 한 주간 만에 집에 들어갔다. 아무도 없는 집안이 쓸쓸하고 허전하다. 그러나 그런 미묘한 감정은 접어두고라도 우선 먹거리의 해결이 내 손을 거치지 않고는 만들어질 수 없다는 사실이 더욱 절실한 문제로 다가선다. 아내가 잠시 집을 비웠는데도 이러한데 그녀가 이 세상에 없다면 그 얼마나 난감하고도 서글플까. 당분간 딸이 사는 곳에 다니러 갔으니 이내 돌아올 것이다. 문득 그녀가 이 세상에 살아있다는 사실에 마음이 놓일 뿐만 아니라 잔잔한 행복도 느낄 수 있었다.

행복이란 자신이 처해있는 좋은 환경과 처지에 따라서 느끼는 감정은 아니다. 다만 어떤 생각을 가지고 살아가느냐 하는 것에 행복과 불행이 갈라지는 지극히 주관적인 관념이다. 삶에 큰 의미를 두며 살지 않던 내가 왜 이러한 행복한 감정을 찾으려 애쓰고 있는 걸까. 며칠 전에 들은 라디오 음악프로 중 진행자의 멘트를 통해서 내가 모르고 지내던 행복에 관한 정보를 듣게 되었다. 이 내용의 울림이 아직도 머릿속에서 사라지지 않는다. 나뿐만 아니라 다른 많은 사람들도 행복은 바로 내 곁에 있다는 사실을 느낄 것이다. 철학자 플라톤이 주장하는 행복론을 그는 이렇게 전했다.

첫 번째, 먹고 입고 살고 싶은 수준에서 조금 부족한 듯한 재산.

두 번째, 모든 사람이 칭찬하기에는 약간 부족한 용모.

세 번째, 자신이 자만하고 있는 것에서 사람들이 절반 정도밖에 알아주지 않는 명예.

네 번째, 겨루어서 한 사람에게는 이기고 두 사람에게는 질 정도의 체력.

다섯 번째, 연설을 듣고서 청중의 절반은 손뼉을 치지 않는 말솜씨.

이와 같은 다섯 가지 조건인데 플라톤쯤 되는 위대한 철학자의 말이니 나는 전적으로 믿는다. 바로 나 자신을 두고 한 말이라고도 생각되기 때문이다.

나는 한국 전쟁을 겪고 5, 60년대의 궁핍한 시기를 지낸 뒤에는 오늘까지 먹고 입는 문제에는 별반 부족함이 없었다. 하긴 그런 정도의 풍요는 우리나라 국민들이 누린 보편적 혜택이긴 하다. 그러나 주거문제는 내 마음대로 할 수가 없다. 도시에서 멀지 않은 전망 좋은 산촌에 그야말로 그림 같은 집을 짓고 자적하는 삶을 살고 싶으나 경제적인 여유

말고도 여러 가지 상황이 허락지 않아 중소형 아파트에서 조금 부족한 듯한 주거생활을 하고 있기 때문이다.

　나를 보는 아내의 평가에 의하면 나는 많이 부족한 용모이긴 하다. 하지만 그리 혐오감을 유발시킬 만큼 추할 정도는 아닌 데다가 인상이 그리 악해 보이지는 않는다고도 한다. 그러니 그 또한 얼마나 다행스러운 일인가. 나는 이름도 빛도 없이 살아가는 소시민일 뿐이니 명예로운 신분과는 전혀 관계가 없다. 그렇다면 나를 아는 이들의 나에 대한 평가는 어떠할까. 나의 인품이나 인간적인 신용도 그리고 사회 구성원으로서의 준법정신과 한 가정의 가장 역할 등에서 절반쯤은 인정해 준다는 것을 알기에 이 또한 플라톤이 말한 세 번째의 행복에서 벗어나지는 않았다고 자부한다.

　체력으로 말한다면 근자에 누구와 힘겨루기로 승부를 낸 적은 없었다. 그러나 군복무 할 때엔 완전군장의 하절기 강훈련에도 낙오하거나 동료에게 군장 배낭을 맡길 정도의 허약체질은 아니었다. 중도에서 포기한 병사들에 비해서 내 체력은 강하다. 그러나 기진한 동료의 배낭까지 메고 언덕길을 뛰어오르는 이들에 비하면 조금 못한 체력이다. 또한 빈번하지는 않았어도 가끔 문학회의 모임에 나가 단상에서 어떤 주제에 대한 발표를 할 때 청중들 절반 정도는 박수를 치면서 동조해 준 적이 있었다. 그러니 이 역시 플라톤 그분이 말하는 행복과 동떨어진 편은 아니지 싶다.

　플라톤은 기원전 427년에 태어나 347년에 타계했으니 지금으로부터 약 2400년 전 그리스에서 활동하던 철학자다. 그런데 그가 기원후 2000년대를 살아가는 나를 어찌 알고 이렇듯 포용력 있는 정의로 나를 위로하는 걸까. 이 사실을 알고부터 나는 참 행복한 부류에 속한다는 자신감을 갖게 되었다. 나는 이 세상을 살면서 낮은 자세로 살아온 적이 많았다. 재산이 많아 자신이 갖고 싶은 것 무엇이라도 소유할 수 있는 부류들을 보면서 상대적 빈곤을 느낀 적이 있고 인물 좋고 잘생긴 사람 앞에 서면 내 외모가 비교되기도 했었다.

명예롭고 권세 있게 살아가는 이들 앞에 서면 자신도 모르게 작아졌으며 언변이 좋아 어떠한 어려운 일이라 해도 남들을 설득시키는 능력이 출중한 자들을 부러워하며 살았다. 세상을 살아가는 데 있어서 조건이 남 같지 못하다는 자괴감으로 나는 내 안에 있는 행복을 느끼지 못한 때가 얼마나 많았던가. 행복이란 바로 내 안에 내가 소유하고 있었던 것을 알지 못하고 말이다.

2017. 3.

흐르는 구름은

흐르는 구름은 또다시 같은 모양을 만들지 않는다. 때로는 평화로운 자연풍광을 연출하기도 하고 어느 때는 기묘한 동물의 형상이나 표정 혹은 사람의 모습 등 다양한 그림을 그린다. 이러한 자연현상을 바라보는 사람들의 상상은 자유롭게 펼쳐진다.

물방울이나 작은 얼음 입자가 모여서 하늘에 떠 있는 것이 구름이다. 하지만 그것은 구름의 생성을 물리적으로 분석한 것일 뿐 바람과 기류에 의해서 연출되는 여러 가지의 모양은 각자의 느낌대로 형상화한다. 바라보는 이에 따라서 아름답기도 하고 종교적으로 성스러운 모습에 비유하기도 한다.

청소년기에는 미래를 향한 소망이나 이상을 청운(靑雲)의 꿈이라며 푸른 구름에 비유했다. '일생지계는 재어유(一生之計 在於幼) 하고…'라며 중학교 한문 시간에 배운 명심보감은 소년 시절을 헛되이 보내지 말고 청운의 꿈을 가지라며 우리를 일깨웠다. 그러나 젊은 시절의 푸른 꿈은 그리 오래가지 않는 경우가 많다. 잡다한 관계성 속에서 성패와 의욕에 집착하거나 능력 또는 운에 의해서도 그 꿈은 흔적 없이 날아가 버리고 꿈꾸던 가슴속에는 색 바랜 허상만 남을 수도 있다. 조선시대 한양으로 향하던 과객들 또한 청운의 꿈을 안고 삼남의 준령을 넘었을 것이다. 뜻을 이루기 위해서 조령이나 추풍령 또는 죽령의 높은 고개를 넘어 서울로 향했던 그 많은 유생들 중 낙방한 거사들이 더 많았을 것이다. 이와 같이 청운의 꿈은 이루지 못한 이가 더 많았던 것은 자명한 사실이다.

그러나 꿈은 아름다운 것. 구름도 꿈처럼 아름답게 피어난다. 노을빛 황혼 길을 걷고 있는 지금도 구름은 쉬지 않고 흐르고 있다. 그 구름이 만들어 내는 모양과 색깔의 변화는 얼마나 아름답던가. 파란 하늘에 멈춘 듯 흐르는 잿빛 구름 사이로 빛나는 조화로운 햇빛, 비 온 뒤 서쪽 하늘을 수놓은 분홍빛 양떼구름, 햇살 밝은 날 저녁 무렵 청명한 하늘에 피어나는 오렌지빛 새털구름, 거실 창밖으로 보이는 천마산 중턱에 깔린 안개 같은 새벽 구름, 코발트색 하늘에 흐르는 한 여름날 뭉게구름, 각자의 마음속에 피어나는 무지갯빛 꽃구름까지 마치 손으로 잡으면 햇솜처럼 부드럽게 잡힐 듯 천천히 흐르는 구름이 나는 좋다.

나이 들어 노년에 접어들면서 구름을 좋아하고 구름의

신비함에 빠져들게 되었다. 쉼 없이 밀려 왔다가 밀려가는 뜬구름의 모양을 보며 구름이 바다라면 그 바다에 배 띄워 어딘가 떠나고 싶다는 동화적 발상으로 나는 운주(雲舟)라는 이름으로 호를 지어서 사용한 적이 있었다. 그러나 지나치게 허황한 의미가 인성마저 모호한 것 같다며 근현대사를 연구하고 저술하는 후배 작가 한 분이 내게 도운(稻雲)이라는 호를 지어주었다. 구름처럼 풍요롭게 쌓여있는 볏단을 의미한다는 아호(雅號)는 구름 운(雲)이 있어 더욱 마음에 든다.

나는 내 자리에 가만히 있는데도 쉬지 않고 흐르는 구름을 올려다보면 마치 내가 어디론가 떠내려가는 것 같은 착각에 가벼운 현기증을 느낄 때도 있다. 나는 내 자리에 가만히 있는데도 세월은 끊임없이 흘러 나를 노령(老齡)의 높은 고개로 데려다 놓았다. 아니 세월은 가만히 있는데 내가 구름처럼 흘러 여기까지 온 것인지도 모른다. 운심월성(雲心月性)이라는 성어가 있다. 구름 같은 마음과 달 같은 성품이라는 의미로 욕심 없이 담백한 심성을 이르는 뜻이다. 이제까지 크게 빗나가지 않고 국가와 사회가 요구하는 각종 규범과 인습을 지키며 종심(從心)을 지나온 나 자신에게 선물하고 싶은 글이기도 하다. 오늘도 구름은 세월이 되어 드넓은 하늘을 쉬지 않고 흐른다.

삼복의 찜통더위가 이어지는 오늘, 한줄기 소나기가 지나간 하늘에 하얀색 뭉게구름이 솜처럼 피어오른다. 나는 세월이 갈수록 구름의 다양한 형상과 오묘한 색깔의 변화가 신비롭게 느껴진다. 또다시 같은 모양을 만들지 않는 구름의 다양한 모습과 색깔이 좋다.

외국으로 시집간 어린 딸이 아이 둘을 데리고 제 부모가 사는 남양주에 왔다. 한 달여간의 휴가 기간을 마치고 귀국하는 날 늙은 아비가 태워주는 승용차를 타고 영종대교를 건너 공항으로 향하는 길. 서쪽 하늘 저녁 햇살에 빛나는 빨간색 구름을 바라보는 마음이 처연하다. 딸아이를 보내는 마음도 그렇거니와 어미 손에 이끌리어 탑승구 쪽을 향해 까치걸음으로 뛰어가는 철없는 어린것들은 얼마나 지나야 또 만나게 될는지. 아니 만날 수나 있을는지. 노을에 비낀 붉은색 구름과 함께 비행기를 타러 들어가는 아이들의 뒷모습이 오랫동안 가슴에 남는다.

『수필문학 추천작가회사화집』 2021. 29호

한 폭의 수채화

　　경안천(京安川)에서 피라미를 잡아 생선회를 먹을 때 안주용으로 풋고추를 따곤 하였다. 주인이 구슬땀을 흘려가며 지은 고추 농사를 불법으로 약탈(?)해가는 이 불법 침입자들은 대부분 아버지의 친구분들이었다. 내가 이따금 밭에 나가 망을 보지만 그 나쁜(?) 침략자들은 주인의 엄중한(?) 감시도 아랑곳하지 않고 대바구니에 수북이 풋고추를 따가곤 하였다.

　위 글은 장로신문에 칼럼 「신앙산책」을 연재하는 문정일 장로가 70년 전쯤의 기억을 더듬어 선친을 회고하며 쓴 글이다. 이 부분만 읽으면 불법으로 고추를 따 가는 범인을 정말로 성토하는 내용처럼 보이지만 그건 아니다. 가난했어도 따뜻한 인정이 오가던 시절 고추 몇 바구니 약탈(?) 당한 것으로 인해 섭섭해 했던 어린 아들의 마음에 '그래도 우리가 더 많은 고추를 먹게 될 테니까 속상해할 것 없다.' 인간이 지녀야 할 선한 심성인 나눔의 가치를 심어주신 아버지께 고마운 마음을 드리는 글이다.

 내가 열 살이 채 안 될 무렵이었지 싶다. 유년기의 기억인데도 많은 사건들이 뚜렷하게 떠오르는 것은 6.25전쟁의 참혹했던 한 면을 온몸으로 체험했기 때문일 것이다. 휴전으로 전투는 멈추었어도 마을은 폐허 속에서 복구되지 않아 혼란하고 궁핍하던 시절이었다. 피난에서 돌아온 가정들은 가족 중에서 누군가가 폭격에 맞아 유명을 달리했거나 살던 터전 전체가 불타 흔적 없이 사라져 막막한 집이 많았다.

 이웃들이 만나면 서로의 안부를 묻고 각자가 겪은 동란 중 힘들었던 사연을 주고받았다. 많은 어른들은 붉은 치하에서 부역을 했던 사실로 죄과를 문초 당했고 더러는 후퇴하는 인민군에 끌려간 채 소식이 끊기기도 했다. 후미진 골짜기에서 적군에 의해 학살된 것으로 보이는 시신의 무리가 발견된 것도 그 무렵이었다. 마을은 분노와 절망에 휩싸였고 소식 없던 가족의 시신을 학살의 현장에서 찾아낸 경우도 있었다. 시신이 훼손되어 입었던 의복이나 인체의 특성 등으로 가족임을 확인하고 소달구지에 싣고 마을로 돌아오던 참상은 평생 지워지지 않는 아픈 흔적으로 남아있다. 장례를 치르며 슬픔까지도 함께 묻어 버리고 남은 가족들은 또다시 치열한 삶을 이어가야 했다.

 우리는 피난길에 총알이 빗발처럼 쏟아지는 골짜기에서

살아나온 경험을 했다. 총탄이 우리를 피해 가지 않았다면 그 자리에서 죽음을 맞을 수밖에 없는 긴박한 상황에 몰렸었다. 서른 명 안팎의 피난민 대열이 산모퉁이를 돌아가고 있을 때 불현듯 산 위에서 귀청이 찢어질 것 같은 총성과 함께 탄알이 쏟아져 내렸다.

  우리 가족은 다급한 상황에 등에 지고 가던 솜이불을 덮고 그 안에라도 몸을 피했다. 그 위험한 중에도 바깥이 궁금하여 이불 밖을 내다보면 빨간 불덩어리가 사선을 그으며 쏟아져 내렸고 땅에 박히는 총탄의 충격으로 부서진 흙덩어리는 우리가 덮고 있는 이불 위에 쌓였다. 중공군과 미군이 대치해 있던 접전 지역을 몇몇 가족들이 피난 경로로 지나가고 있었던 것이다. 어두운 밤이었기에 미군들은 피난민의 대열을 적군으로 오인하여 사격을 했던 것이다. 얼마간의 시간이 흘렀을 때 미군 병사들의 목소리가 들렸고 "헬로!"라는 우리의 부르짖음으로 마침내 구조될 수가 있었다.

  은폐할 곳 없는 접전의 현장, 피아(彼我)의 중간지대 총탄 속에서도 우리 가족은 무사했다. 그날의 엄청난 사건을 되돌아볼 때마다 어머니는 우리 남매들에게 하는 말이 있었다. "사람은 착하고 바르게 살아야 하느니…." 어린 나이였어도 나는 아버지가 착하고 정직하게 사셨기 때문에 온 가족이 무사히 살아 나온 것이라고 믿게 되었다. 그날 많은 아버지들과 엄마들 그리고 어린이들까지 죽음을 피하지 못해 일행 중 절반 정도가 희생되었다는 사실은 그다음 날

현장을 찾은 유가족에게 들어 알게 되었다.

　적 치하의 3개월간 좌익분자 누군가가 면사무소 창고에 쌓여있는 쌀가마니로 아버지를 회유했다. 내 것이 아니라는 이유로 결코 받지 않으신 아버지는 치안이 회복되고 여적죄를 밝힐 때 오히려 정직한 사람으로 인정받게 되었다. 우리는 비록 가난했어도 전쟁으로 인해 인명에 피해 없었던 것에 감사하면서 일상으로 돌아왔다.

　그런데 내가 알기에는 꼭 한 번, 아버지는 우리 것이 아닌 남의 물건에 무단으로 손을 댄 일이 있었다. 생활이 어느 정도 안정이 되었던 시기였을 것이다. 우리 가족은 모처럼 경안천 냇가로 가족 나들이를 나갔다. 어머니는 광목(廣木, 무명 올로 폭이 넓게 짠 천) 한 필을 햇볕에 탈색하기 위해서 양잿물에 삶아 빨아 널기를 반복하고 아버지와 우리 남매들은 흐르는 냇가에 발을 담그고 다슬기를 잡으며 즐거운 시간을 가졌다. 전쟁과 가난한 생활로 찌들어 지내시던 어머니의 모처럼 밝은 모습은 식생활이 조금은 나아졌기 때문이었을 것이다.

　아버지는 준비해 간 쌀로 밥을 지었고 된장을 풀어 다슬기 국물 요리를 만드신다. 찌개가 끓는 기미를 보이자 인근의 밭에서 풋고추 한 움큼을 따고 물에 씻어 손으로 대충 자른 뒤에 다슬기 찌개에 넣어 맛을 내신다. 우리 소유가 아닌 밭에서 함부로 농작물을 취해 오는 것은 양심에 어긋나는 일이 아닌가. 우리 남매들이 느끼는 불편한 심기를 이미 아시는 아버지는 말씀하셨다. "괜찮다. 저 고추밭은 아버지 친구의 밭이라 나중에 양해를 구하면 된다."라며 우리를 안심시키셨다. 경안천 넓은 냇가에 해가 지고 서쪽 하늘에 빨간 노을이 물들 때까지 온 가족이 천렵을 즐긴 그날의 기억이 정지된 그림이 되어 그리운 추억으로 남아있다.

 아버지는 1906년 병오(丙午)생이며 생존해 계신다면 올해 117세가 되신다. 문 장로의 부친께서는 1910년 경술(庚戌)생이라 하니 아버지와는 한마을에 살면서 호형호제했거나 친구 관계로 지내셨을 것이다. 우연의 일치가 되어 '그 밭이 바로 그 밭'이었다면 아버지께서도 고추밭의 약탈자로서 일말의 책임을 면할 수는 없을 것 같다. 만약 두 분의 영혼이 우리 곁에도 내려와 이 글을 읽으신다면 착하고 정직하게 사신 분들답게 아름다운 추억이었다며 조용하게 미소 지을 것이다.

 그날의 다슬기 국물은 지금도 혀에 감칠맛으로 남아있다. 밭에서 고추를 따고 손으로 분질러 넣으시던 젊은 아버지와 물가에 둘러앉은 우리 어린 남매들의 모습이 수채와 한 폭이 되어 내 인생의 노을 속에 영롱하게 빛나고 있다.

2022. 7.

나는 휘파라미스트

 그녀는 쇼팽의 즉흥 환상곡 외에도 내가 모르는 많은 곡을 즐기며 고전음악에 심취했던 것 같다. 지금도 쇼팽의 음악에 얽힌 추억이 그녀의 감성 속에 깊게 자리한 듯하다. 지난해 여름, 수필 전문 문예지를 읽다가 그녀가 쓴 글이 게재된 것을 읽고 나 역시 그해 그 녹음 짙은 산길에서 있었던 음악성 깊은 추억을 되돌아보게 되었다.

 휘파라미스트! 나는 옛 추억을 소환해 준 선생에게 휘파람새라는 별명을 지어드린다. 선생의 수필집 『휘파람새의 전설』과도 통하는 의미 있는 별명이다.
 쇼팽의 즉흥환상곡은 일반인은 물론 음악도가 가장 좋아하는 피아노곡이라고 한다. 잔잔한 강물인가 하면 천길 아래로 쏟아져 내리는 폭포 같고 산들바람인가 하면 폭풍우가 몰아치는 벌판에 서 있는 느낌이니 삶의 희로애락을 표현한 음악의 시가 아닌가 싶다.
―그녀의 수필 「추억의 소환」 중 일부

그녀는 나와 수필 동인이다. 그녀는 나보다 먼저 문단에 나왔고 작품의 서정성이나 문장력에 있어서도 나는 상상하지 못 할 만큼 깊이 있는 글을 쓴다. 또한 예절 바르고 자상한 심성은 상대방의 가벼운 이야기라도 그냥 넘기지 않고 귀 기울여 듣고 친절한 반응을 보인다. 그러한 인품과 지적(知的) 수준을 알기 때문에 나는 그녀와 대화할 기회가 있을 때면 되도록 고상하고 단정한 언어를 구사하게 되었다.

이런저런 모임으로 그녀와 함께 참석했던 적은 참 많다. 문학회에서 만나면 남달리 친근감을 느꼈는데 주고받는 이야기 속에 지혜와 품위가 있어 그와 대화를 하면 나 역시 인격이 상향되는 것 같다. 이와 같이 품격이 있는 여인과 가깝게 지내게 된 것에 고상한 자부심을 느끼면서 살아간다. 1남 1녀의 자녀들에게는 친구 같은 엄마이며 남편에게는 퍽 다정하면서도 헌신적이라는 것을 알게 된 것은 그녀가 쓴 글 속에 모든 내용이 들어있기 때문이다.

내 집 딸의 혼사를 앞두고 그에게 물은 적이 있다. "혹시 선생님 자녀분 혼사 치를 때에 나를 초대할 건가요?" 이렇게 묻는 내 의도를 정확하게 꿰뚫고 얼른 대답한다. "그러고 말고요 선생님도 자녀 결혼시키게 되면 저를 꼭 초대하셔야 해요." 이렇게 해서 나는 그녀를 우리 집 혼사에 초대하게 되었다. 그런데 암만해도 그날 의도를 물은 것에 대한 그녀의 답변은 거짓이거나 성의 없는 대답이 아니었나 싶다. 왜냐하면 그 후 십오 년쯤 지났건만 그 댁의 혼사에 나를 초대한 적은 없기 때문이다.

그녀가 겸손한 마음으로 주저하던 수필집을 상재(上梓)했다. 출판된 작품집을 읽고서 나는 그녀의 타고난 재능을 엿볼 수 있었다. 작품마다 적절하게 표현된 삽화는 아기자기한 분위기를 연출했는데 자신이 직접 그린 그림이라 해서 놀라웠다. 또한 러시아 음악에 심취해 라흐마니노프 피아노 협주곡을 즐겨 감상한다는 음악적 선호를 알고부터는 정서적으로도 가깝게 느껴지기도 했다.

나 역시 청소년 시절에도 음악 감상하기를 좋아했다. 대중가요나 팝송보다는 클래식을 즐겨 해서 서울 시내의 뉴월드 혹은 르네상스 음악 감상실에서 많은 시간을 보내기도 했다. 중학생 때에 처음 오페라 토스카의 아리아를 듣고 매료되어 길을 걸으면서도 "E lucevan le stelle(에르체반네스텔레…)" 별은 빛나건만 중 되지도 않는 첫 소절을 부르며 다녔다. 그 외에도 모차르트 곡은 거의가 내 머릿속에 저장되어 자주 감상하는 메뉴이며 특히 영화를 통해서 더욱 널리 알려진 K622번 클라리넷 협주곡 2악장의 음률은 그 곡에 얽힌 추억과 함께 지금도 심금을 울리는 곡 중의 하나로 남아 있다.

제조업을 운영하던 시절 나는 승용차보다는 소형 화물차

를 운행할 때가 많았다. 제품 배달 겸 영업 활동을 위해서 지방도로를 운행할 때였다. 자동차가 드물어 한가한 시골길에서 앳되지만 깔끔한 젊은이 하나가 손을 흔들며 태워줄 것을 청한 적이 있었다. 서울에서 대학을 다니다가 주말을 맞아 고향집에 다니러 오는 길이라고 하며 자기소개를 한다. FM 라디오에서 클래식 음악 프로를 듣고 있었던 내게 그는 의외라는 듯이 밝은 표정으로 말한다. "아저씨 클래식 음악 즐기시네요."

오솔길에 부는 소슬바람이 일반 음악이라 한다면 클래식 음악은 고요한 밤중에 내리는 창밖의 빗소리 같다고나 할까. 단정하게 차려입은 생활 의복을 일반 음악에 비한다면 고전음악은 미풍에 한들거리는 여인의 우아한 드레스 자락에 비유할까. 작업복을 입고 화물차를 운전하면서 클래식 음악을 듣는 것에 젊은 대학생은 아무래도 이질감을 느꼈거나 신선한 자극을 받은 것이 틀림없었을 것이다.

고전음악 감상하기를 즐기는 내 음악의 기호성으로 볼 때에 그녀의 음악적 성향과 다를 바가 없어 정서적으로 나는 은근하게 그녀를 흔모(欣慕)하게 되었다. 그러나 내 흔모의 정체는 마음속에 우군 하나를 만난 듯한 안도감 이상은 아닐 것이다. 그러나 삭막한 노년에 만난 푸른 감정이다.

언젠가 수필을 쓰거나 읽기를 즐기는 동인 여럿이 만나서 점심을 함께하고 드라이브 삼아 몇 명이 강변길과 호젓한 산길을 운전할 때였다. 여인들의 대화에 끼어드는 것도 예의가 아니다 싶어 조심스럽게 핸들만 잡고 있었다. 그러다가 평소에 즐겨듣던 음악을 휘파람으로 불었다.

쇼팽의 즉흥 환상곡4번 작품번호 66번이다. 이 곡은 쇼팽의 즉흥곡 중 대표곡으로 알려져 웬만한 분들은 귀에 익은 클래식 소품이다. 나는 무심하게 이 곡을 휘파람으로 흥얼거렸는데 그녀들의 대화가 잠시 중단되었다. 담소는 그치고 내 휘파람 음악 소리에 청각을 집중하는 분위기가 이어졌다. 이 여인들이 이 곡을 잠시 감상을 하고 있구나. 그러나 전 곡을 휘파람으로 소화하기에는 난해한 부분이 많아 칸타빌레 부분 한두 소절로 마무리할 수밖에 없다.

그 후 십여 년이 흘렀다. 나는 즉흥환상곡을 들을 때마다 그날 상천고개를 넘으면서 휘파람으로 부르던 날의 분위기를 떠올리곤 했다. 그녀는 지금도 그날을 기억하고 있을까. 의외의 분위기에서 의외로 좋은 클래식 음악을 휘파람으로 감상했다면 감성수필의 소재로서 적합지 않았을까라며 혼자 생각한 적이 있다. 그러나 나의 은근한 기대는 그녀가 이미 문예지 음악 에세이 난에 게재 발표한 후의 일이었다.

『좋은수필』 2022년 7월호

아내의 수술

아내는 50대 후반쯤부터 무릎에 이상이 생겼다. 체중을 줄이면 도움이 될 것 같아 헬스장은 물론 식사량도 절반으로 줄였다. 수영장에도 다니고 물속 걷기 등으로 체력을 소모하면서 3개월쯤 지나가자 조금씩 변화가 오기 시작했다. 체중은 줄어들기 시작했어도 이미 망가진 무릎이 쉽게 회복되지 않았다. 몇 년 전부터는 그 분야에 이름난 정형외과를 지정해 놓고 연골 재생에 좋다는 주사를 맞았다. 그러나 진통효과 외에는 기대할 수가 없어 점점 수술을 하자는 쪽으로 마음의 가닥을 잡게 되었다.

그러던 중 딸네 가정이 외국으로 살러 가게 되었다. 첫애를 낳고 수년이 지났어도 풋내기 주부를 면치 못한 딸은 타국에서 뿌리 내리는데 어려움이 많았을 것이다. 가끔 사위가 장기간 출장이라도 떠나게 되면 아이만 데리고 혼자 있기가 무섭다면서 비행기 표를 예약해 놓고 제 어미를 불러들인 적이 여러 번이다. 그럴 때마다 아내는 무릎통증으로 인한 괴로움을 참으면서도 오고 가기를 마다하지 않았다. 그것은 눈에서 떠나지 않는 손자 윤우를 만나는 일이 통증을 잊을 만큼 행복했기에 가능했을 것이다.

외국 생활이 안정을 찾게 될 즈음에 둘째 아이가 태어났다. 두 아이 돌보는 일로 전에 비해서 더 바쁜 생활이 시작된 것이다. 아내는 해산구완을 시작으로 최소한 3개월을 주기로 그 나라를 드나들면서 뒷바라지를 했지만 힘들다는 내색보다는 아이와 함께한다는 행복감에 젖어 지냈다. 그러나 무한정 집을 비울 수 없어 백일이 될 무렵에 아내는 귀국했고 혼자서 두 아이를 키우기 힘들어하는 딸아이를 위해서 사위는 도우미를 구하게 되어 우리는 육아에 대한 걱정은 일단 덜게 되었다.

이제는 무릎에 인공관절을 넣는 수술을 해야 할 때다. 그러나 아내는 얼른 마음을 정하지 못하고 대수롭지 않은 이유로 자꾸만 미루는 것이다. 여름철엔 너무 더운 일기 관계로 병원생활이 어렵다며 가을로 미룬다. 짧은 가을에는 집안일이며 친척들의 대소사 문제가 겹쳐서 기회를 잡지 못했고 겨울이 오면 수술한 뒤에 혹시 눈길에 미끄러져 넘어지기라도 한다면 더 큰 낭패라며 또 다음 해로 미루다가 오늘까지 오게 되었다.

그녀가 결단을 내리지 못하는 것은 두려운 마음 때문인 것을 알게 되었다. 언젠가 TV 프로에서 무릎에 인공관절을 이식하는 수술 장면을 목격했다는 것이다. 전기 드릴로 뼈를 잘라냈을 때 덜렁덜렁 흔들리는 두 다리 하며 절개된 뼈 사이로 인공관절을 맞춰 넣는 과정에서 들리는 망치 소리를 듣고 내심 벌벌 떨고 있었던 것이다.

  딸아이는 요즘 하루에도 몇 번씩 성장하는 둘째 아이 모습을 동영상으로 보내온다. 이제 14개월로 접어든 아이는 제 어미의 말귀를 조금씩 알아듣고 시키는 대로 하려는 모습이 얼마나 귀여운가. 엄마 아빠라며 첫 발음을 배우는 과정을 지켜본 어른들이라면 그 감격스러움을 말로 다 표현할 수 없을 것이다. 저녁 시간에 동영상이라도 받는 날에는 밤늦도록 아이의 모습을 되돌려 보면서 안아주고 싶어 하는 간절한 마음을 보인다.

  아내는 딸네 집에 있을 때 그곳에서 새로운 친구들을 사귀게 되었다. 윤우네와 같은 처지의 젊은 한국인 부부들이 사는 집에는 대개 친정어머니가 함께 살고 있는 경우가 많다. 사소한 가정일이나 아이들에 대한 관심사가 비슷한 데다가 연령이 아내와 크게 다르지 않은 이쪽저쪽이다. 그중에서 정서적으로 다르지 않은 세 할머니들이 만났다. 근래에도 카카오톡으로 인사를 나누며 지내는데 가까이에서 보는 윤우네 형편도 중계하듯 알려준다. 그럴 때마다 아내는 무릎의 통증으로 자유로운 나들이를 할 수 없는 형편을 아쉬워했다.

  지난 추석 연휴를 지나서 수술 일정을 잡고 병원에 예약을 했다. 나는 이번에도 그전과 같이 수술 날짜를 미룰 것으로 예상을 했다. 그러나 날짜가 다가오는데도 마음에 동요가 없는 것이다. 드디어 그날이 내일로 다가왔을 때 그녀는 집안 살림을 정리하고는 입원 준비를 하는 것이다. 이러한 과정을 거쳐 아내는 지난 9월 24일에 드디어 양쪽 무릎을 동시에 수술을 하게 되었다.

젊은 시절 우리는 서울 인근 전원주택에 산 적이 있다. 그 무렵에 아내는 나의 무관심으로 인해서 무릎이 감당키 힘든 가사노동에 시달리며 살았다. 내가 출근하고 난 뒤에 아내는 남자가 해야 할 힘든 일을 손수 처리하기를 마다하지 않았다. 연탄재 쓰레기를 머리에 이고 먼 곳까지 걸어야만 버릴 수 있었던 당시의 생활환경은 아내의 무릎과 관절을 서서히 무너트렸을 것이다. 결혼 후 오늘까지 늘 깨끗하게 정리되어있는 집 안. 거실 바닥이나 집 안 구석구석을 반짝이게 하는 아내의 손길은 무릎에 치명적인 질병을 일으키게 하는 중요 원인이 되었을 것이다.

아내는 여섯 시간의 수술 시간이 경과한 뒤에 엄청난 통증을 누르며 입원실로 돌아왔다. 무릎뼈를 전기 드릴로 잘라낸 그 자리에 금속 기구를 넣고 인공관절을 끼워 넣을 때 들리는 망치 소리를 어떻게 인내했으며, 시종 깨어 있으면서 느낄 수 있었던 부분마취 상태에서 수술의 전 과정을 어찌 감당했을까.

고통의 순간도 시간이 흐를수록 안개 걷히듯 점차 사라

지고 인체의 신비는 새로운 골 구조에 적응을 하게 되었다. 오늘로 두 주일이 지났고 절개하고 봉합한 부위의 정리도 끝났다. 수년간 동거하던 무릎통증과 혹독한 고별식을 이렇게 치렀다. 이제는 적극적인 물리치료와 재활 의지에 따라서 차이는 있겠지만 온전히 회복되는데 걸리는 시간은 약 6개월쯤으로 본다고 했다. 가끔씩 찾아오는 통증만 해결된다면 이제는 퇴원하는 수순만 남았다고 하니 금명간 그녀의 병원 생활은 끝이 날 것이다.

  무릎연골을 무리하게 혹사했던 젊은 시절은 다시 돌아오지 않는다. 조심해야 한다는 것을 알게 된 때는 이미 연골을 사용할 수 없도록 망가트린 다음이었다. 무거워 힘든 집안일 아내에게 맡기고 모른 척하던 철없던 남편, 토요일마다 상사들과 밤낚시 약속 있다면서 집을 비웠다가 다음날 늦게 돌아와 휴일을 나 혼자 써 버린 부끄러운 기억들. 무엇으로 어찌 보상하랴. 이제는 아내도 나도 인생의 노을길에서 그 수한을 장담할 수 없는 먼길까지 오게 되었다. 다시는 걷지 않아도 될 그날까지 참회 순종하면서 죽은 듯 살아가면 될까.

                                                2016.

사돈과 가까이 지내기

아들 녀석이 제 누나가 살고 있는 홍콩을 다녀왔다. 여섯 살 난 조카가 성장하는 모습도 보고 싶고 두어 달 전에 태어나 사진으로만 보아온 둘째 조카가 자라나는 모습도 궁금하다는 것이 표면적인 이유였지만 실은 홍콩이라는 화려한 도시를 관광한다는 것에 대한 관심이 더 많았을 것이다. 체류하는데 금전적 부담도 없고 먹고 마시는 일이나 잠자리에 이르기까지 전혀 돈이 들지 않으니 얼마나 좋은 기회인가. 아들은 특별 휴가를 얻어 일주일간의 여행을 마치고 방금 돌아왔다.

집에 도착하고 조금 후 가지고 온 짐 몇 가지를 주섬주섬 가방에 넣더니 사돈댁에 가야 한다는 것이다. 며칠 전에 사돈어른의 생신이 지났기 때문에 며느리 되는 제 누나가 보내드리는 몇 가지 선물을 전해 달라는 부탁을 받았기 때문이란다. 문득 이런 기회에 우리도 함께 사돈집 나들이를 하는 것도 좋겠다는 생각이 들어 아내와 상의했다. "우리도 사돈어른이나 만나보는 게 어떻겠소?" 평소에는 어려운 사돈 관계에 무엇 하러 만나느냐고 핀잔을 주던 아내도 오늘은 쉽게 동의한다. 모처럼 의견의 일치를 보고 쉽게 결정했다.

  아들이 운전하는 차를 타고 우리는 뒷좌석에 편하게 앉아 있다. 강변도로를 따라 시원하게 달리는데 생각해 보니 우리는 그동안 사돈댁과 의식적으로 거리를 두고 살아온 것이 분명하다. 조심스러울 수밖에 없는 사돈과 자주 만날 이유가 있겠는가 하는 소극적이고 편협한 자세 때문인 것을 안다. 그런데 우리와는 달리 사돈은 가끔씩 전화로 안부를 묻는가 하면 우리가 사는 고장을 지나칠 때는 식사라도 함께하자며 몇 번이나 요청해 온 적도 있다. 그 댁과 사돈 관계를 맺고 지내보니 며느리인 내 딸을 신사적이고 인격적으로 존중해 주는 것은 물론 소탈한 성품으로 퍽 친근하고 자연스럽게 대한다는 것을 알았다. 내 활동 반경으로 보아 그 댁과는 반 시간도 채 걸리지 않는 거리에 있으면서 별도 만남의 시간을 갖지 않은 것을 생각할 때 나는 나만의 좁은 울타리 안에 갇혀 지낸 게 아닌가 하는 자책감도 들었다.

  사돈은 평생을 대기업에서 근무하다가 이사직을 마지막으로 명예퇴직을 한 지 여러 해가 지났다. 백수의 자유로움을 즐기는 것도 한계에 이르자 집 근처 신축하는 건물에 상가 하나를 분양받아 닭튀김 집을 운영하고 있다. 아파트 단지 진입로를 돌아 그들이 영업하는 상가에 도착했을 때 사돈은 배달을 나갔고 안사돈 혼자서 겨울 저녁 시간을 보내고 있었다. 우리가 거침없이 들어서니 안주인은 깜짝 놀라면서도 크게 반색한다. 연락도 없이 들이닥친 우리를 보고 당황해한다든가 어렵고도 정중한 예로 대한다면 우리는 좀 무안했을 것이다.

배달에서 돌아온 사돈 역시 반갑게 맞아준다. 매사에 진솔하며 격의 없이 대하는 그의 모습은 언제나 우리의 긴장을 풀게 한다. 저녁 식사를 마치고 왔으니 아무리 좋은 음식을 내오셔도 먹지 못한다며 미리 사양하자 사돈은 유리잔에 생맥주를 담아내왔다. 저녁 식사는 했어도 맥주 한 잔을 마시지 못할 이유는 없다. 아들과 딸을 나누어 갖게 되었고 슬하에 손자 두 녀석이나 공유하고 있는 우리는 반가운 만큼 따듯한 분위기에 젖어 들었다. 이런저런 이야기를 했지만, 화제는 주로 두 손자 아이의 자라나는 이야기가 전부다. 그 댁이나 우리나 그립고 보고 싶은 손자 녀석을 멀리에 두고 있으니 아이들에 대한 이야기는 밤새도록 해도 지루하지 않을 것이다. 손자들이 마치 앞에서 노는 것처럼 눈에 아른거린다.

지난 정월 초하룻날 새벽에 사돈으로부터 한 통의 전화를 받은 적이 있다. "새해에 복 많이 받고 건강하시라"는 덕담이었지만 내가 전화 받은 곳은 우리집 거실인데 비해서 사돈은 나보다 1,700여 미터나 높은 곳에서 우리를 내려

보며 전화를 한 것이다. 어젯밤에 등산을 시작해서 설악산 산장에서 일박하고 난 뒤에 새해의 첫 일출을 대청봉에서 맞는다는 것이었다. 새해 첫날 늦잠에서 깨어나 아직도 정신이 몽롱한 나에 비해서 얼마나 역동적이며 건전한 생활방식인가. 또한 사돈 내외분은 만년을 보내면서도 마라톤 풀코스 42.195km를 여러 번 완주한 바 있는 스포츠맨들이기도 하다. 그런데 우리는 그만한 열정이 없기도 하지만 체력으로나 운동신경으로도 그들을 따를 수 없어 엄두도 못 내고 있다.

따듯한 스토브를 가운데 두고 한동안 아이들 살아가는 이야기를 주고받으면서 맥주잔을 비웠다. 그들은 올봄 동남아 자전거 여행을 계획하고 있다는 것이다. 자유로운 새처럼 살아가는 그들의 여유가 아름답다. 치킨구이 영업을 하고는 있어도 그들의 생계 유지를 위함이 아니라는 것은 개폐점 시간이 일정치 않음에서 증명된다. 자신들의 생활 패턴과 계획에 의해서 휴무를 정하게 된 지도 오래되었다. 가끔은 인근의 소비자들이 불편함을 호소해도 자신들의 삶이 우선이라는데 그 누가 시비를 하랴.

부러워하고 있는 내 속을 짐작한 듯 안사돈이 나를 다독인다. "우리와 정서적으로 다르시니까요. 사돈어른께서는 따듯한 글을 쓰셔서 많은 사람들을 감동시키시잖아요. 오늘 작가님이 저희 집에 오신 것이 얼마나 귀한 일인지 모르시죠?"라며 나를 치켜세운다. 내가 쓴 수필집 몇 권이 필요하다고 해서 그들에게 기증한 일이 있다. 사돈은 인품이 외향적인 데다가 다양한 인맥이 있어 여러 계층의 지인에게 내 책을 읽게 했다는 것이다. 주변의 여러 어른들이 수필집 내용에 모두 감동받았다며 언젠가는 나를 특별히 초대해서 '작가와 만남'의 시간을 계획하고 있다고도 했다.

  글의 내용에 얼마나 감동을 받았을까마는 공감하는 부분은 더러 있었을 것이다. 돌아오면서 생각하니 그리 인정해 주는 사돈이 있어 기분이 고무되기도 했지만 예상치도 않았던 사돈댁 방문이라는 소중한 기억을 남기게 되었다. 사돈 간에는 불가근불가원(不可近不可遠)의 원칙을 지켜야 한다는 평소의 내 기준으로 만남의 기회를 자제하며 살아가는 것이 과연 옳은 방식인가 깊이 생각하며 돌아왔다. 사돈과 가깝게 지내기는 정녕 불편한 일인가.

2013.

3

노인 흉보기

미리 낸 부의금

'단 하나 확실한 것은 내가 죽을 것이라는 사실이다. 그러나 내가 가장 모르고 있는 것은 바로 그 죽음이다.'

도스토예프스키가 쓴 죽음이라는 시의 한 구절이다. 모든 생명의 유한성과 숙명적인 죽음에 관하여는 그 시간과 장소 그리고 형태를 알 수 없는 인간의 다행스러운 우매함을 표현한 글일 것이다. 생명의 끝이란 지켜보는 이의 오랜 경험이나 소진되어가는 과정으로 예측할 수는 있어도 이것 역시 자연스러운 소멸에 한한 것일 뿐 돌발적인 경우에는 도저히 측량(測量)할 만한 능력이 없다. 사람의 수한(壽限)에 대하여는 아무도 모르는 것이 지금까지 인간 능력의 한계다.

산소 호흡기에 생명을 의지하던 연전의 한 노인을 기억해 보자. 의료진은 이 기구를 제거하는 시간부터 생명을 부지할 수가 없을 것이라며 수개월간 인공적으로 수명을 보전해 왔다. 그러나 이분은 호흡기를 제거한 뒤에도 6개월가량

생존함으로 세상을 놀라게 했고 사람의 지식과 판단을 신뢰하는데 문제점을 제기했었다. 일반적인 경우 인간의 수명은 마음대로 조정하거나 유지하지는 못한다는 결론일 것이다.

고교 동창생 중에 중병으로 투병하는 친구가 있다. 그는 각종 운동에 자질을 보여서 학교 대표로 활동하기도 했고 월남전에서는 통신사의 종군 기자로 활동한 전력이 있는 건강하고 유능한 친구였다. 그는 수년 전부터 이유 없이 피곤하다며 건강에 대한 관심을 갖더니 어느 날 위에 종양이 발견되어 절제 수술을 받았다. 상태가 그리 좋은 편은 아닌 듯 몇 번의 입퇴원을 반복하더니 다른 장기에까지 암세포가 전이되었다는 것이다. 여러 번의 항암치료를 받으며 호전되는 것 같았는데 또 얼마 후에는 심장에 이상이 생겼다며 가슴을 열고 무슨 장치를 몸속에 넣는 수술도 받았다.

친구들 간에 그의 잔존 생명을 낙관적으로 보는 이는 많지 않았다. 그러나 투병을 하는 가운데에서도 가끔씩 모임이 있을 때 참석하는 경우가 있어 그를 보면서 그리 심각한 증상은 아닐 거라며 긍정적인 생각을 하는 친구들도 있었다. 그러던 그가 얼마 전부터는 신장 기능이 떨어져 일주일에 세 번씩 투석을 해야만 살 수 있다는 판정을 받았다. 그러지 않아도 심장병과 위암의 후유증에서 회복지 못하고 있는 와중(臥中)에 또 다른 발병이라니…. 신장 투석이란 생명을 위협할 만큼 중대한 질병은 아닐지라도 합병증의 심각성을 생각한다면 이제야말로 그에게 종말이 가까워진 것이 아닌가 걱정을 하던 중 토요일을 맞아 그를 문병 가게 되었다.

  가만히 있어도 땀이 흐를 정도로 무더운 날씨다. 완만한 경사로를 올라가야 하는 그의 집에 도착했을 때 그는 거실 소파에 앉아 습기 가득한 8월의 뜨거운 햇볕을 내다보고 있었다. 찜통 같은 날씨라 하더라도 그는 자유롭게 정글을 누비며 카메라 셔터를 누르던 종군 기자 시절의 건강을 그리워하고 있었는지도 모른다. 반갑다는 표현은 눈빛뿐 손을 잡기조차 힘겨워하는 그의 몰골은 완연한 중환자다. 이미 알고 있는 병력에 대하여는 더 묻고 대답할 이유가 없어 평상시 같은 이야기를 들려주며 시간을 보냈다.

  그의 운명은 어느 예언가가 알려주지 않는다 해도 짐작이 가능하다. 투석을 위해 주사한 흔적이 보기에 참담할 정도로 검게 변색되었는데 그 위에 반복될 주사는 그를 점점 더 힘들게 할 것이다. 어느 날 갑자기 기력과 혈압이 떨어져 호흡은 소리 없이 멈출 것이고 다른 친구들이 떠나던 날처럼 가깝게 지내던 동창들이 모여 그의 영전에 침통한 마음으로 향을 사르게 되겠지. 늦은 시간까지 소주잔이나 기울이면서 다음번 순서는 누구냐며 아무렇지도 않은 것처럼 운명을 이야기할 것이다. 젊은 시절부터 적립해 오던 회비까지 각자에게 분배한 지 이미 오래되었고 만나는 횟수는 점점 줄어들었다. 누군가의 대소사마저도 거반 끝나버린 시절이 되었으니 앞으로는 무슨 이유로 우리는 조우하게 될는지… 삶의 많은 부분을 동반자로 지내온 친구를 잃은 허망함은 날아갈 목표 지점을 잃은 새처럼 허공이나 맴돌게 될 것이다.

한 세대 전만 하더라도 우리나라 평균 수명이 남자인 경우 60(61.8세, 통계청 발표자료)을 겨우 넘었다. 시대가 변해가면서 영양가 있는 식생활과 건강을 위한 새로운 방법이 개발되었고 나날이 발전하는 의료 분야의 선진화 등으로 평균 연령은 백세시대를 맞아 급격한 노령화를 걱정하게까지 되었다. 우리 세대가 겪어온 7, 80년대의 소위 산업사회의 역군들은 그 시절에 비해 10년 이상을 더 살아왔으니 그리 아쉬워할 것도 없다면 없을 것이다. 친구나 동년배의 부음을 들으면 내 인생의 남은 날들을 가늠해 보게 된다. 세상을 하직하는 나이가 별도로 정해진 것은 아니지만 나 역시 그때가 가까워지고 있다는 분명한 사실에 새삼 당혹감을 느끼기도 한다. 가는 순서만 모를 뿐 너 나 할 것 없이 시나브로 떠날 때가 다가오고 있다는 현실을 받아들이면서 행복한 종말이 되기만을 소원한다.

한 시간 남짓 머물러 있을 동안 친구는 별로 말이 없다. 가끔씩 머리를 끄덕여 내 말에 동조를 하거나 우리 젊은 시절의 추억담을 들으며 소리 없이 미소를 지을 뿐이다. 하긴 주변의 그 누구라도 예측 가능한 그가 가야 할 길을 자신인들 왜 모르겠는가. 젊은 시절엔 남다르게 강인한 의지를 가졌다 하더라도 생의 막다른 지점에 선 지금은 평안하거나 자약(自若)하지는 못할 것이다. 특히 사랑하는 아내와 자식들을 두고 가야 하는 아픔은 이 세상 무엇으로 위안을 받으랴. 마지막 가는 길에 세상에 대한 미련과 집착은 털어버릴 수 없어 더욱 괴로운 종말이 될 것 같다.

하고 싶은 이야기도 듣고 싶은 이야기도 이제는 접어야 할 시간이다. 그는 소파에 비스듬하게 누워있어도 피곤한 표정이다. 그를 편하게 해 줄 방법은 의외로 간단하다. 얼른 자리에서 일어나 그와 헤어지는 것이다. 때를 알 수 없는 그 시간은 나와 헤어져 있는 동안에 그에게 찾아오겠지. 이 세상에서 마지막이 될지도 모르는 작별이라 생각하니 코끝이 시큰해진다. 치료를 위해 병원 오갈 때 경비에 조금이라도 보탬이 되기 바라며 준비해 간 소액의 현금봉투를 전했다. 극구 사양하는 그는 음성이나 손짓에도 이미 힘이 빠져 있다. 손에 쥐어 주는 봉투를 받으면서 하는 그의 마지막 한마디가 오랫동안 나를 따라온다.

"고맙다. 미리 주는 조의금으로 알고 받는다."

*친구는 그 후 3년을 버티다가 2019년 가을 단풍이 물들기 시작할 무렵에 세상을 떠났다.

저것을 어떻게 할 것인가

 지하철 빈자리에 앉자마자 차는 이내 출발했다. 러시아워가 지난 시간이라 승객이 많지 않아 몇 명만 서 있을 뿐 차 내는 쾌적한 상태였다. 자리에 앉은 이들도 대개가 졸고 있거나 스마트폰을 들여다보는 등 조용한 분위기로 열차는 다음 역으로 향하고 있었다. 이때 서 있는 승객들 발 사이로 누군가 마시고 버린 빈 병 하나가 또르르 굴러간다. 피로회복제로 알려진 이 병의 크기는 한 손안에 들어올 정도이니 쉽게 사람들의 발에 밟힐 수 있을 것이고 밟히면 깨어지기도 할 것이다. 전동차의 고른 바닥재 위로 마치 모데라토의 속도로 굴러가니 소리도 들리지 않아 우연히 시선이 그곳을 향한 이가 아니라면 이 사실을 아는 이는 별로 없었을 것이다. 누가 빈 병을 아무렇게나 버렸을까. 대개의 승객들은 그것을 못 보았거나 별 관심을 갖지 않는 것 같았다.
 빠르지 않은 속도로 굴러가던 이 빈 병은 연만해 보이는 어떤 남자의 발 앞에 멈췄다. 경로석에 앉아있던 그는 회색빛 머리를 단정하게 빗어 넘겨 고상한 차림새가 퍽 선량해 보이는 어른이다. 그는 마치 준비하고 있었던 것처럼 안정된 발동작으로 병을 살짝 밟아 멈추게 하더니 구둣발로 지그시 누르면서 더 이상 구르지 않도록 잡고 있다.

나는 그의 다음 동작을 기다렸다. 그리고 나라면 저것을 어떻게 처리할 것인가를 궁리했다. 차내를 순시하는 직원이 있다면 그에게 인계하는 방법이 있을 것인데 우리가 아는 바와 같이 지하철에 어디 수시로 직원이 배치되던가. 청소를 담당하는 미화요원이 있다 하더라도 종점 가까이 도착해서야 나타날 것이니 기다릴 수는 없는 노릇이다.

그렇다면 의자 밑 어디에 고정시킬 만한 공간이 있어 밀어 넣을 것인가. 그러나 아무리 찾아보아도 의자 밑 부분에는 그 무엇도 넣을 만한 곳이란 없다. 의자의 끝부분과 출입문 사이 모서리 부분이 그나마 발길이 닿지 않을 텐데 그곳도 안전하지는 않다. 마치 내 구두 밑에 빈 병이 멈춰 있는 것 같은 착각으로 처리 방법을 찾고 있었으나 쉽게 떠오르지가 않는다. 그러기에 지하철에는 음식물이나 찻잔 혹은 음료수병은 가지고 타지 말라는 공지문을 부착해 놓았을 것이다.

다음 역에 이르러 몇몇 승객이 내리고 탔다. 조금 전보다 이 일에 대해서 알고 있는 이의 숫자는 더 줄어들었을 것이다. 나 혼자서만 그의 작은 고뇌에 동참하고 있는 듯했고 검은색 구두 밑에 멈추어 있는 빈 음료수병에 관심을 두고 있는 것 같다. 저분이 어떤 액션을 취하지 않고 자리를 뜬다면 저 빈병은 또다시 제멋대로 굴러다닐 것이고 그 모습을 보는 많은 이들의 마음은 불안하고 또 불편할 것이다.

대표적인 대중교통 수단인 지하철은 질서와 예절이 절실히 요구되는 공간이다. 객실 안에 경로석이 마련되어 있는 것은 예절을 중시하는 우리 민족의 따듯한 심성 때문일 것이다. 그런데 경로석은 낮과 저녁 시간대에는 무난하게 지켜지고 있지만 아침 출근시간에는 노인에게 양보하는 이들은 보기 힘들어졌다. 불가피한 일로 인해 외출을 했겠지만 연만하신 어른들께서는 이른 시간대의 외출은 되도록 삼가는 편이 좋겠다는 생각을 하면서 지낸다.

또한 '내일의 주인공을 맞이할 핑크빛 카펫'이라는 표시 문자가 인쇄된 임산부 보호석은 객실 가장 중간의 양쪽 끝자리 2석을 정해 놓고 편의를 제공하고 있다. 임신 초기의 여인이라면 외모에서 표시가 나지 않는다는 것을 감안하더라도 가임기가 훨씬 지난 중장년의 여인이 앉아있는 것은 지하철 예절에 어긋나는 일이다. 어떤 때는 혈기 왕성한 남성들조차 아무런 거리낌 없이 앉아있는 모습을 보면 딱하기도 하고 민망스럽기도 하다. 지하철 내에서의 예절은 그 나라의 문화적 척도이며 이용객 모두가 지켜야 하는 질서이며 약속이다. 그런데 오늘은 누군가가 마시고 난 빈 병 하나가 바닥 위를 멋대로 구르고 있었던 것이다.

이런저런 생각으로 전동차 내에서의 작은 일에 신경을 쓰는 동안 열차는 다음 역에 도착했다. 몇 사람의 승객이 내리는 중에 그이도 내릴 때가 된 듯 정거장을 확인하더니 일어설 채비를 한다. 저것을 어떻게 할 것인가. 그런데 바로 이때 그는 허리를 굽혀 아무렇지도 않게 병을 손에 들고 차에서 내리는 것이다. 내가 작은 고뇌에 빠져 있는 동안 그는 내릴 때 가지고 갈 것을 마음속에 이미 작정하고 있었을 것이다.

내게 잔잔한 감동을 느끼게 한 그가 내리고 차는 떠났다. 잠시 불편하던 마음이 비로소 안정과 평온을 찾기도 했지만 같은 사회를 살아가는 구성원 된 자존감도 갖게 되었다. 그 후에도 오랫동안 그날 받은 신선한 감동의 기억이 지워지지가 않는다. 그는 아마도 지하철 경로석에 앉을 만한 대우를 받을 때까지 살아오면서 익숙해진 습관을 행동으로 옮긴 것뿐일 것이다. 그와 내가 입장이 바뀌었다면 나는 과연 빈 병을 가지고 나가서 쓰레기통 재활용 칸에 넣었을까.

티핑 포인트(Tipping Point)라는 용어가 생각났다. 처음에는 미미하게 진행되다가 어느 시점에 이르러 급격하게 변화되는 극적인 시점을 일컬음인데 오늘과 같은 사회적 도덕성이 사회 전반에 퍼져나가 우리의 의식구조가 한층 변화 발전하는 계기가 되었으면 좋겠다. 그 후에도 기분 좋은 며칠을 보냈다.

2019.

위치추적

　인류는 IT산업의 발전으로 놀라운 변화를 겪고 있다. 눈에 보이는 것은 물론이고 보이지 않는 분야에서도 생활 속 깊숙하게 뿌리내려 인간이 누리는 유익한 혜택들은 헤아릴 수 없이 많다. 특히 21세기에 들어와 정보통신의 발전은 가장 두드러진 현상이다. 품질이나 기능 면에 있어서 세계 시장을 석권한 스마트폰은 우리나라를 세계 10위권의 경제대국으로 만드는 데 큰 도움을 주었다. 1876년 알렉산더 벨에 의해서 전화기가 발명되고 한 세기 반이 지난 지금은 세계 인구 중 대다수의 사람들이 스마트폰에 의해서 각종 업무를 처리하고 있다. 또한 스마트폰은 텔레폰(Telephone) 본래의 기능보다 손안에 들어온 컴퓨터의 용도로서 우리 생활 속에 깊게 자리 잡았다. 이제는 스마트폰 없으면 생활이 불편할 뿐 아니라 업무가 마비되거나 정신적 공황상태에 이르는 경우도 생겨나게 되었다.

나의 스마트폰 생활은 기본적인 기능을 이용하는 정도에서 그친다. 전화를 주고받는 것 외에 톡(Talk) 방식을 이용해 메시지나 영상을 받고 보내는 일과 궁금한 뉴스와 시사를 확인하는 등 간단한 인터넷 검색 정도에서 만족한다.

그런데 한 가지 편리하고도 놀라운 것은 전화기 소유자가 어느 곳에 있든지 현재는 물론 과거에 지나온 족적만 있어도 위치추적이 가능하다는 점이다. 자동차를 직접 운전하거나 열차나 버스 등 대중교통으로 낯선 곳을 여행할 때 현재 어느 지점을 지나고 있는가를 정확하게 알 수 있다는 점은 참 편리한 기능이다. 그 편리함은 범죄 해결 등에도 큰 도움이 되고 있다. 하지만 어떤 기관의 계획된 의도에 이용된다면 기술력에 놀라기보다는 두렵고 섬뜩함을 느낄 것이다. 내가 현재 어디에 머물고 있으며 어느 곳으로 이동하고 있는가에 대한 개인정보가 누군가에 의해서 적나라하게 기록되고 있다면 이것은 개인의 사생활이 심하게 침해받는 폭력 행위다.

지난 8월, 광복절을 지낸 어느 날 낯선 음성의 전화를 받은 적이 있다. 구(區) 보건소 누구라고 신분을 밝힌 전화 속 여인의 음성은 나에게 "지난 15일 오후 한 시부터 다섯 시 사이에 광화문 근방을 지나신 적 있나요?"라며 비교적 상냥한 어조로 묻는 것이었다. 얼른 생각해 보니 과연 그러한 사실이 있었다. "예 그날 그 시각에 광화문에 있었는데 왜 그러시오?" 달갑지 않다는 억양으로 대답하는 나에게 "그러시다면 보건소에서 코로나 검사를 받으셨나요?"라고 묻는다. "아니 검사를 받고 안 받고는 둘째치고 그 사실을 어떻게 아셨소?" "저희도 어떻게 알게 된 경로는 모릅니다. 다만 리스트를 받았을 뿐입니다."

광복절이 지나고 코로나바이러스의 확진율은 높은 상승세를 보였다. 방역당국에서는 광화문 집회를 감염원으로 판단하고 시위 자체를 불법으로 규정했다. 그날 광화문 집회에 참석했던 전원에게 코로나 검사를 실시하라는 행정명령을 내리고 검사에 불응하는 이들이 확진 판정을 받게 될 경우 3백만 원의 벌과금과 손해배상에 대한 구상권을 청구하겠다고 발표했다. 집회의 자유, 정보통신법 위반, 민간인 불법사찰 등 예민한 문제를 떠난다 하더라도 개인의 동선(動線)이 이토록 명백하게 드러나고 있다는 사실에 경악했다.

그날 시위에 참석했던 인원은 대충 계수한다 해도 수만 명에 이를 것이다. 그런데 나 같은 자연인 한 사람의 참가 사실을 어떻게 알았을까. 그런데 바로 이러한 기능이 스마트폰에 내장되어있는 위치추적 장치의 놀라움이다. 나는 지난 광복절에 보수진영 광화문 집회에 참석한 적이 있다. 쏟아지는 비를 맞아가면서 태극기를 흔들고 애국가를 제창하면서 시위에 참석했었다. 그런데 동행했던 지인과 떨어지게 되어 그의 소재를 알기 위해서 문자를 이용한 적이 있었다. 나는 이순신 장군 동상 앞에 있었고 동행했던 지인은 세종대왕 동상 앞에서 비를 맞으며 깃발을 흔들고 있었다. 이와 같은 사실을 알기 위해서 몇 번 톡(Talk) 기능을 이용한 적이 있었는데 이 소통의 흔적이 단서가 되어 나의 집회 참석 여부가 밝혀졌고 위치 추적이 된 것인 줄 안다. 위성 항법장치를 이용한 이 기능은 이와 같이 특정인을 색출하는데 용이하게 사용할 수가 있는 것이다.

 이러한 기능은 촌각을 다투는 급한 상황에서 사람의 목숨을 살리기도 한다는 사실을 나는 알고 있다. 가깝게 지내는 선배 한 분은 한적한 시골에 살면서 농사를 지어 자식들 교육에 남다른 열정을 보였다. 자녀들은 비교적 좋은 성적으로 학업에 열심을 다했고 졸업 후에는 사회의 일꾼으로 성실한 삶을 살고 있다. 큰아들은 대학원을 졸업하고 학위를 받아 모교에 남아 교수로 임용되기를 기다렸다. 그런데 여러 가지 조건 중 그야말로 2%가 모자라 조교수에 머물러 있었다.

 그것이 한두 해 지나고 삼 년이 지나 무정한 세월은 흘러가도 아들의 임용 기회는 오지 않았다. 초조한 그에게는 의욕도 열의도 자신감도 식어갔다. 어느 날 아들은 아버지에게 조심스럽게 말한다. "아버지… 저는 대학에 머물러 있는 것이 싫습니다. 아버지 농사일을 도우며 제 소신대로 살고 싶습니다. 고향으로 내려오게 해 주세요." 조심스럽지만 간절한 심정으로 아버지의 허락을 기다렸다.

 그러나 아들을 대학교수로 성공시키는 것이 자신의 인생이 승리하는 것이라 믿은 아버지는 아들의 간절한 청을 받아들이지 않았다. 그 후에도 몇 년을 더 노력했지만 끝내 임용의 기회를 얻지 못했고 자신의 처지를 비관하기에까지 이르렀다.

 아들은 다시 한번 귀농 의사를 밝혔지만 아버지의 마음은 변치 않았다. 어느 날 아들은 눈물로 자신의 무능과 불운을 아내에게 털어놓았다. 생계를 위해서 남편 대신 직업의 일선에서 활동하던 아내는 따뜻한 말로 남편을 위로했다. 그러나 그날 아들은 핸드폰의 전원마저 차단하고 어디론가 사라졌다. 섬뜩하고도 불안한 예감을 느낀 아내는 모든 가족들에게 이 사실을 통보하고 남편을 찾아 나선다. 연관 있는 어떤 곳에도 아들의 소식을 아는 이는 없었다. 순간 번쩍 하는 느낌이 있어 스마트폰의 위치추적 기능을 떠올렸다. 경찰에 신고하고 의뢰하여 그가 마지막 통화한 지점을 알아내기에 이른다.

 아버지 사는 집에서 멀지 않은 야산 골짜기. 급하게 달려간 가족들은 그곳에서 반듯하게 누워있는 아들의 모습을 발견했다. 평온한 표정으로 먼 길을 가고 있는 그에게서 미세한 숨소리를 듣게 된다. 급하게 앰뷸런스가 도착했고 시내의 대학병원 응급실로 달렸다.

 한 사람의 인재(人材)이며 가장(家長)이고 엄한 아버지의 착실한 장남이 스스로 걸어가던 죽음의 문턱에서 회생하게 된 것은 스마트폰의 위치추적 장치의 역할, 그것은 IT 산업의 발전에 의한 인류의 위대한 승리이며 업적임에 틀림없다. 현대와 같이 복잡다단한 사회에 없어서는 안 될 중요한 문명의 이기일 뿐 놀랍거나 두려워할 기능만은 아니지 싶다.

초부 시인(樵夫 詩人)

　단원(檀園) 김홍도의 작품 중에 도강도(渡江圖)라는 그림이 있다. 먼 듯 가까운 듯 강안(江岸)으로 작은 언덕이 보이고 선객을 태운 나룻배 한 척이 물살을 가르고 있는 그림의 상단에 시 한 편이 실려 있다.

　　東湖春水 碧於籃 白鳥分明 見兩三
　　(동호춘수 벽어람 백조분명 견양삼)
　동호의 봄물은 쪽빛보다 푸르고 또렷하게 보이는 것은 두세 마리 해오라기
　　柔櫓一聲 飛去盡 夕陽山色 滿空潭
　　(유노일성 비거진 석양산색 만공담)
　노 젓는 소리에 다 날아가고 노을 진 강물 위로 석양의 산색이 가득하구나.

이 시의 작가는 조선중기 초부(樵夫)라는 가난한 노비의 신분이다. 그의 본명 정봉(鄭鳳, 1714~1790)이라는 이름이 있었지만 초부라고 불리기를 원했다. 그가 쓴 시 동호범주의 시적 감흥과 그의 신분에 천착(穿鑿)하게 되니 식생활의 해결 방법이 막막했을 한 늙은 초부(樵夫)의 참담한 생활이 눈에 보이는 듯 측은한 감정에 사로잡혔다.

근래 초부 시인의 존재가 알려진 것은 그의 시가 읽는 이들의 심금을 울리기 때문일 것이다. 고즈넉한 석양 무렵 소리 없이 흐르는 강물에 마음까지도 노을빛에 젖는다. 이름이 아닌 나무꾼을 뜻하는 초부 시인은 노비의 신분으로 상전댁을 위해 땔나무를 하러 오가며 마을 앞 강물과 그물 위에 붉게 물들어가는 저녁노을을 바라보면서 감성적 느낌으로 이 시를 구상했을 것이다.

김홍도가 이 시를 자신의 그림에 올려놓았다. 조선 4대 화원(安堅 金弘道 鄭敾 張承業) 중 한 분인 단원 김홍도의 감성을 자극했을 시 한 편으로 영감을 얻은 그가 푸른 물살을 가르며 강을 건너는 나룻배를 바라보면서 도강도라는 작품을 그렸을 것이다. 초부의 시 「동호범주」는 맨 처음 시작 부분인 동호(東湖)를 고호(高湖)라고 바꾸어 쓴 것 외에 한 획도 틀림이 없다. 그 이유에 대하여는 정확하게 알 길 없으나 단원이 본 앞 강물에 대한 정경을 시인의 높은 안목과 고결한 시정에 실어 고호라 표현했을는지도 모른다.

연전에 역사 스페셜이라는 TV 프로그램을 본 적이 있다.

노비 신분의 시인이 살고 간 궤적을 추적하는 과정이 퍽 감동적이었다. 여춘영(呂春永, 1734~1820)의 노비로서 시를 쓰며 살던 곳, 청탄(靑灘)이라는 고장이 우리 가정과 연(緣)이 있어 역사 속을 거니는 것 같은 감회에 젖게 한다. 그곳은 내 외가 마을과 인근일 뿐 아니라 어머니 유택(幽宅)이 있는 곳이라 성묘 때 외에도 수시로 오고 가는 곳이다.

어머니가 5, 6세 되던 무렵에 마을에서 학식이 높고 가문이 융성한 여(呂)씨 어른의 무릎에 앉아 한문 공부를 하셨다는 이야기를 들은 적이 있다. 역사 스페셜에 의하면 여씨 댁의 내력을 증언하는 그 가문의 후예 한 분이 출연하여 자신이 여춘영(呂春永)의 6대 손이라고 소개를 했다. 어머니의 연세를 고려할 때 한학을 가르치시던 어른은 여춘영의 3대손이며, 초부와 함께 시문학을 공부했던 여춘영은 조선 숙종조 문과에 급제하고 영의정을 지내신 여성제(呂聖濟, 1625~1691) 어른의 직계후손인 것을 알게 되었다.

노비 시인이 나무꾼으로 살던 수청리라는 마을은 내 외가에서 강변길 포장도로를 달리면 지척의 거리다. 댐으로 호수가 조성되기 전인 70년대 중반까지는 마을 앞으로 청정수 남한강물이 흘렀고 백사장의 모래밭은 꿈길처럼 신비로웠다. 초부 시인이 바라보던 한강의 붉게 타오르는 듯한 저녁노을은 시상을 떠올리게 하는 영감과 붓을 들고자 하는 의욕을 주기에 충분했을 것이다.

단원의 도강도에 올려 있는 시는 노을에 물든 강물과 그

위를 나르는 해오라기 서너 마리에 시선을 두고 서정적 감성으로 썼을 것이다. 넓은 호수로 변한 이 강의 물결과 가물거리는 두물머리 늙은 느티나무 위로 황혼이 질 때면 시인이 아니더라도 시상에 잠길 만한 풍경을 연출하는 곳이다.

초부 정 시인은 여춘영의 배려로 노비의 신분에서 벗어나 양인(良人)이 되었다. 그의 신상을 소개하는 역사스페셜에서 보면 그는 면천은 되었더라도 그의 나뭇지게에 가난을 숙명처럼 지고 다녔다. 오히려 노비생활에서 벗어난 뒤에는 더욱 심한 가난으로 곡기를 끊을 수밖에 없는 참담한 처지에 놓인 적이 적지 않았을 것이다. 그는 갈대가 우거진 갈대울이라는 마을에 살았다고 했다. 그곳은 지금의 양평군 양서면 신원리 부근인데 초부가 노비로 살던 수청리에서 강물을 건너면 곧바로 닿을 수 있는 곳이다. 서울 홍천간 국도가 고속화되기 전까지는 갈대숲 사이로 초가마을이 조성되어 있던 곳이다.

초부는 76세로 일생을 보냈다. 그가 태어나서 평생을 비록 나무꾼의 직업 외에는 선택할 일이 없었어도 당대에 저명한 실학자인 다산 정약용 형제들과 교우했으며 연암 박지원, 표암(豹岩) 강세황 등 지식인들의 시집에 그의 시가 다수 수록되었다. 이와 같은 사실은 비록 가난은 면치 못했어도 높은 식견의 문학적 교류로 인해서 고결한 삶에 자부심을 느끼며 살았을 것으로 짐작된다. 조선 영·정조 시대 붕당정치와 4색당파 간의 세력다툼으로 혼란스럽던 세태는 지금과 별다름이 없었을 것이다. 그렇다 하더라도 천민이라는 그의 신분으로 보아 정치적 시대상과는 무관한 처지였을 터이니 차라리 높은 이상으로 고매(高邁)한 시작 세계에만 몰두할 수 있어 정신세계가 끝내 행복했을 것이다.

그러나 노비의 신분을 벗어난 중년 이후에도 가난을 면치 못하여 늘 허기에 지쳐있었을 그를 생각하면 마음이 아프다. 그가 만약에 시를 쓰는 능력만큼 보부상에라도 능한 재능을 가지고 태어났더라면 큰 재물을 손에 넣어 부유한 삶을 살 수 있지 않았을까. 三朝辟穀 未成仙(삼조벽곡 미성선: 아침 세 끼 곡기를 끊은 것은 신선이 되려 함이 아닐세)이라며 사흘씩이나 굶은 허기진 절박함을 노래하지는 않았을 것이다.

지난 추석에 성묘하러 선영에 내려갔었다. 고향을 떠나지 않은 오랜 친구가 있어 여씨 가문에 대한 안부를 물었다. 노비의 인권을 회복시켜 주었고 주민들에게는 수학할 수 있도록 터전을 제공했던 여춘영의 후예들은 어디론가 이주한 후 어떠한 소식도 모른다고 했다. 비록 그들이 조상 때부터 살아온 고장을 떠나갔다 하더라도 갸륵한 그때의 선행은 역사에 남아 초부의 시와 함께 오랫동안 기억될 것이다.

당시 인권이 아닌 마소와도 같은 재산 가치로 인정하는 노비의 존속문서를 불태워 버리고 면천 시켜 주었다던 가문, 부리던 노비를 자신의 아들과 함께 공부할 수 있도록 배려한 인간존중 사상은 수세기를 앞서가는 수준 높은 사랑의 실천이 아닌가.

여춘영의 조상이며 영의정을 지내신 여성재(呂聖齋) 어른의 묘는 오늘도 수청리 마을을 지키고 있다. 덧없는 인생사 한낱 구름처럼 흘러가 버렸어도 근현대사에 있어 큰 족적을 남긴 몽양 여운형을 탄생시켰으며 그날에 뿌려놓은 인성의 씨앗은 지금도 남아 후세에 감동으로 전해지고 있는 것이다.

강물 위를 노닐던 그날의 해오라기는 어디로 날아갔을까. 나뭇짐보다 더 무거운 가난을 지게 가득 짊어졌어도 맑은 영혼으로 문학적 이상을 실현했을 나무꾼 시인. 그와 함께 시문학을 공부하던 여춘영 어른도 아득한 옛날에 이 세상을 떠나 역사 속에 묻히고 말았다. 여씨 어른의 무릎에 앉아 한문 공부를 익히시던 어머니의 유년 시절은 어느 하늘로 가뭇없이 날아갔는가. 마음을 울리는 노비시인의 동호범주 (東湖杋舟) 시 구절은 단원의 도강도 그림 속에서 두고두고 감성적으로 이어질 것이다. 늙고 가난했지만 그토록 시를 사랑했던 초부의 영혼을 위해서 오늘 저녁 향불이라도 올려 위로해 드리고 싶다.

2010.

낚시 유혹

 토요일인데 모처럼 아무런 약속이 없다. 주말이면 집안의 행사나 친지들의 혼사 또는 각종 모임 등 참석하지 않으면 안 될 일들이 계속 있었다. 마침 오늘은 어린이날과 일요일이 겹친 연휴 중 하루인데 아무런 계획이 없다. 아내마저 친구들과 여행을 떠나 혼자서 맞는 홀가분한 시간을 일상에서 벗어나고 싶었다.
 무엇을 할까. 집안에만 있을 수 없으니 어디를 갈까. 오랜만에 낚시를 갈까. 지난해 사 놓고 계획만 세우다가 한 번도 사용한 적이 없는 낚시 도구를 꺼내서 점검을 한다. 세 칸, 두 칸 반짜리 낚싯대를 차례로 꺼내 줄을 당기면서 팽팽한 탄성을 느껴본다. 세 칸 대는 수심이 깊은 곳에서 월척붕어가 물더라도 자체 중량감으로 손맛은 좀 떨어지는 단점이 있다. 두 칸 반 대에 붕어가 물면 비록 준척(準尺)이라도 그 감각적인 손맛은 희열이 아닐 수 없다. 영롱한 색깔의 형광 찌와 U 자로 굽은 바늘의 날렵한 모양이 은빛으로 반짝인다. 요즘의 장비는 예전과 달라서 물가에 대를 장착시키는 알루미늄 기구나 뒤 받침대 하며 물고기가 낚싯대를 끌고 물속으로 들어가지 못하게 하는 장치까지 아주 편리하게 만들어졌다. 미끼로 쓸 떡밥과 봉돌까지 확인하고 낚시가방을 챙겼다.

그런데 어디로 갈까. 낚시를 즐기던 70년대엔 팔당댐 상류로 올라가서 아무 데나 던져도 월척급에 상당하는 참붕어가 심심치 않게 올라왔지만 낚시 금지구역으로 지정된 지금은 생각조차 할 수 없는 추억의 장소가 되고 말았다. 좌대가 촘촘히 들어선 인공낚시터의 소란함 속에서 엉킨 낚싯줄로 인해 신경전을 벌이면서 하는 낚시는 즐기는 것이 아니라 피곤한 작업과도 같다. 낚시란 결국 미끼라는 속임수로 물고기를 유인해서 낚아 올리는 행위이지만 낚시터의 고즈넉한 분위기에 심신을 맡기면 정신건강에도 유익한 대표적인 레저문화이기도 하다.

춘천 호반 의암댐으로 가리라. 바다처럼 넓은 물 가운데에 좌대를 타고 앉아 대를 드리우던 그 옛날이 떠올랐기 때문이다. 의암호는 46번 국도를 타고 가다가 춘천 초입의 의암교를 건너기 전에 다리 아래로 이어진 403번 지방도를 이용해야 한다. 그러기 위해서는 내가 사는 아파트 뒤로 뚫린 자동차 전용도로를 타야 한다. 얼른 일어나 뒤 베란다 유리창 밖을 내다보았더니 평상시에는 볼 수 없던 자동차의 행렬이 심한 정체를 빚고 있다. 이런 정도라면 지금부터 수 시간을 달려가도 목적지에 닿기란 쉽지 않을 것 같다. 오늘은 어린이날과 일요일이 겹친 연휴인 관계로 많은 가장들이 자녀들과 자동차로 나들이를 나왔을 것이고 그 행렬이 저토록 막히고 있는 것이다. 그 가운데로 차를 몰고 들어간다면 길 위에서의 지루함으로 긴 시간을 허비할 것 같다.

낚시 가고 싶은 의욕이 좀 더 간절하다면 교통문제로 구애받지는 않을 것이다. 젊어 한때는 주변 환경과 처지에 대해서 깊은 생각도 안 하고 거침없이 떠나기도 했다. 그런데 한 40년 가까이 쉬다 보니 낚시의 순기능인 자연 속에서 휴식하는 즐거운 기억도 그만큼 무뎌진 것 같다. 낚시를 간다는 설렘과 정체되는 길에서의 불편함을 부담스러워하는 이중적 심리의 잣대를 갖게 된 것은 세월과 함께 열정도 그만큼 식었다는 증거일 것이다.

젊은 시절 낚시에 심취해 있을 무렵에는 연휴 때는 물론 명절도 낚시터에서 보낸 적이 있고 밤낚시를 하느라 사흘을 연거푸 새운 적도 있었다. 나 외에는 아무도 없는 산중의 호수에 앉아 밤 시간을 지내다 보면 산짐승 소리에 섬뜩한 기분이 들기도 했다. 가지고 온 식량이 떨어져 허기를 달래던 일은 다반사이고 장맛비가 억수같이 쏟아지는 날이나 초겨울 살얼음이 잡히는 물속에도 낚싯대를 펼친 적도 있었다. 사위(四圍)가 고요한 가운데 밤 저수지에 내리는 새벽안개와 수면 위에서 졸고 있는 야광찌의 날씬한 몸매를 보며 때를 기다리는 시간이 얼마나 달콤하던지. 찌가 수면 위로 얌선하게 놉는 입질의 절정으로 인한 기대감의 충족은 인생이 황혼녘에 다다른 지금까지도 잊히지 않는다. 릴낚시 끝에 방울을 달아 입질의 신호로 흔들리는 금속 소리는 또 어떠하던가. 그러나 낚시꾼을 위협하는 요소도 있다는 것을 알아야 한다. 순간적으로 판단력이 흐려져서 위험에 노출되기도 하고 가파르고 수심 깊은 곳에서는 예기치 않은 사고에 휘말릴 수도 있기 때문이다.

한창 낚시에 빠져 살던 시절, 토요일 오후에 혼자서 낚시 가방을 챙겼다. 그리고 가끔 나가던 팔당댐 상류 연꽃 숲이 건너다보이는 물가에 앉았다. 등 뒤로는 가파른 산언덕이 이어졌는데 낚시 의자 하나 펼 만한 좁은 공간이 포인트로서 그만일 것 같았다. 세 칸 반 낚싯대를 던져 넣었더니 찌는 앉은 자리에서 멀지않은 곳까지 다가와 있다. 그만큼 수심이 깊다는 의미다. 큰 고기는 깊은 곳에 산다는 통념으로 채비를 끝냈다. 근처에서 건져낸 민물새우와 지렁이를 번갈아 미끼로 사용했는데 밤이 깊도록 피라미 입질 몇 번을 받았을 뿐 아무런 소득도 없었다. 여름철 깊은 밤, 국도를 달리는 화물차의 소음만 간간이 들려오고 나 외에는 아무도 없는 낚시터 수면으로 물안개가 비단결처럼 피어오르고 있었다.

한여름인데도 강가의 새벽공기는 서늘하다. 두꺼운 상의를 걸친 후 낚시 의자를 뒤로 젖히고 눕는다. 희미한 카바

이드 불빛을 받으며 오색 빛깔로 떠 있는 찌에서 눈을 뗄 수 없어 나른한 눈으로 주시하다가 잠속으로 빠지려 하는 순간, 찌가 물 위로 솟는다 싶었는데 이내 가로눕는다. 바로 그때 낚싯대가 통째로 물속으로 끌려 들어가는 것이 아닌가. 깊은 물이라 역시 큰 놈이 물었나 보다. 삽시간에 닥친 일이라 경황없이 놓친 대를 잡으려 했으나 팔이 모자랐다. 한발을 물속으로 담그고 몸을 구부리는데 미끄러져 한쪽 발마저 빠지고 말았다. 낚싯대를 손으로 겨우 잡았나 싶은데 가슴 위까지 물이 차올랐다. 손으로 전해오는 촉감으로 보아 걸려든 놈은 역시 월척의 대물인 것 같다. 마치 고음의 피아노 소리와도 흡사한 낚싯줄 튕겨지는 소리와 함께 팽팽하게 저항하는 감촉이 지금까지 경험하지 못한 느낌이다. 뜰채를 이용해 마무리하고 사이즈를 재 보았더니 35센티 황금색의 참붕어다. 드넓은 댐에서 월척을 걸어 올리는 손맛은 경험하지 못한 이에게 어떻게 설명하랴.

젖은 옷을 갈아입고서야 내가 큰 위험에 빠졌던 것을 알았다. 앞쪽으로 한 발자국이라도 더 들어갔다면 키를 넘겼을 깊은 물 속에서 무사히 나왔으리라는 보장이 없다. 대개의 낚시터 인명사고라는 것이 바로 이러한 경우에 발생한다고 하지 않던가. 사십 년도 더 지난 일이었어도 그날을 떠올리고는 낚시터의 위험에 대해서 다시 한번 생각하게 되었다.

오늘도 낚시를 가고 싶은 마음과 번거롭고 불편한 현실의 이유로 선뜻 나서지 못하는 갈등을 겪으며 아무런 결정도 내리지 못 하는 사이에 오월의 하루가 저물어 가고 있다. 창밖으로 보이는 춘천 가는 자동차 전용도로는 정상을 되찾았어도 떠나고 싶었던 마음은 이미 진정되었다. 몇 번이고 시도했던 낚시질은 오늘도 상상의 물속으로 대를 드리운 것으로 끝나고 말았다.

  아내마저 출타 중인 연휴 이틀간을 아끼며 보내겠다는 달콤한 상상 속으로 한낱 낚시의 유혹이 다녀갔을 뿐이다.

2012. 5.

내 주치의

  동네 내과 원장이 병원을 그만두었다는 소식이다. 그녀는 그 병원의 실제 소유주는 아니고 여러 의료진 모두를 원장이라는 직분으로 대우하는 의료진 중 한 분이다. 그녀가 맡고 있는 4번 진료실은 항상 대기 환자들이 많아 명단이 모니터에 가득 찬 만큼 긴 시간이 걸린다. 사람을 대하는 태도가 퍽 친절하고 묻는 것에 대한 궁금증을 자세하게 설명해주기 때문에 진료시간이 길어질 수밖에 없을 것이다. 내 혈압의 관리와 처방 외에도 일상적으로 조심해야 할 내용에 대한 설명 등 특히 어른에게 대우하는 예절이 각별하던 담당의가 병원을 그만두었다니 섭섭한 마음이 여간 아니다. 혹 인근의 다른 병원으로 옮겨서 진료를 계속한다면 어디든 찾아가고 싶은 의욕도 생긴다.

  이번 건강검진 때는 고지혈증이나 콜레스테롤 검사도 하시는 게 좋겠다며 내게 권하기도 했다. 지난달 방문했을 때는 요즘 들어 별안간 숨이 가쁘고 가슴에 통증을 느끼는 내 건강상태에 대한 증상을 말한 적이 있다. 혈압을 재던 그녀가 "그렇다면 얼른 체크를 해야겠네요."하면서 검사실로 나를 안내하더니 즉시 심전도와 심장 초음파 검사를 실시한다. 결과는 금방 나왔는데 심전도는 이상이 없고 초음파에서 심장혈관이 약간 좁아진 것이 확인되었으니 대형병원에서 정밀 촬영으로 확실한 진단을 받아 오시라며 소견서를 써 준다.

걸을 때 가끔 가슴의 압박감과 숨가쁨 현상이 나타난 지는 한 달쯤 되었고 증상은 5~6회 반복되었다. 소견서를 가지고 대형병원에 가서 많은 시간을 들여 정밀검사를 했고 그 결과지를 가지고 혈압약 처방받을 겸 동네 내과에 갈 날만 기다리고 있는 중이다. 그런데 또 다른 이상이 생겼다. 나는 평상시에 물 마시기를 등한시해서 수분 섭취를 게을리했는데 근래 들어 잠자리에서나 낮 시간에도 물을 자주 마시게 되었다. 이상하다 싶어 아내가 식전 혈당체크를 할 때 내 손가락 끝에도 알코올 소독을 하고 혈당 수치를 체크했다. 평상시의 98mg/dl(밀리그램 퍼 데시리터)에 비해서 117이라는 비교적 높은 숫자가 나왔는데 이것도 은근히 걱정된다. 내 식성이 단맛을 즐겨 하는 편이라 혹 당분 섭취를 자제해야 하는 식이요법을 해야 한다면 관리하기가 어려울 듯해 더 걱정이 된다. 갈증이 날 때 물을 마시면 해결될 터인데 당뇨로 인한 갈증이 아닌가 싶어 신경이 쓰인다.

혈압약 복용하는지는 십 년 이상 되었다. 근래 심혈관에 문제가 생겼고 혈당마저 높아졌다면 성인병을 세트로 다 갖게 된 셈이다. 이 나이쯤 살아왔다면 건강에 문제가 생길 때도 되었지만 막상 당하고 보니 노령이 겪는 허전함이나 인생의 상실감이 의외로 크게 느껴진다. 마음이 울적해지면서 매사에 의욕이 떨어지고 원인 모를 무력감으로 자꾸만 허무한 생각만 든다. 이러한 현상이 오래 지속되면 노인 우울증으로 심각한 상태에까지 이를 것 같다. 이래서는 안 된다. 노년의 가까운 친구들과 더 좋은 우정으로 애틋한 추억도 만들고 싶고 추하거나 고집스럽지 않은 삶으로 인생을 선량하게 마무리 짓고 싶다. 가고 싶던 곳 여행도 하고 노년에 접어들었으니 지갑도 열면서 내가 가진 것의 한도 내에서라도 베풀면서 살아야 할 텐데….

혈압약이 떨어져 다시 병원에 가는 날이다. 그런데 내 병력에 대해서 소상히 알고 정밀 검진을 위해 소견서를 써준 4번 진료실의 친절한 여의사는 어디 있는가. 그녀가 주문한 대로 대형병원 심장 내과로부터 받아 온 진료 회송서는 어찌할 것인가. 많은 내방객들이 순서를 기다리는데 진료실마다 10명 이상이 대기하고 있다. 이 정도라면 대략 한 시간 반쯤은 기다려야 한다. 나를 담당하던 4번 진료실이 아닌 다른 방에 배정되었다. 마음속에서 무언지 모를 불쾌하고도 마뜩지 않은 감정이 은근하게 솟는다. 가지고 온 대형병원 서류는 필요하거나 한 것인지. 그런데 마음을 가라앉히고 평상심을 잃지 않는 것이 가장 적합하고 고상한 처세가 아닌가. 평온한 표정을 지으며 어수선한 대기실 의자에 앉아 가만히 차례를 기다린다.

불현듯 떠오르는 단어가 있다. '전화위복(轉禍爲福)' 또는 '새옹지마(塞翁之馬)' 뜻하지 않은 고사성어가 순간적으로 마음의 평정을 찾게 한다. 많은 선진들이 몸소 겪은 체험과 결과에 의한 지혜로 사용되고 있을 단어들. 화(禍)가 바뀌어 오히려 복이 되기도 하고 나쁜 일인 것 같아도 좋은 결과로 마무리 지을 수도 있다는 의미가 지금의 나에게 주어진 잠언적인 위안이다. 전임 담당의가 떠나갔어도 다음에 만난 의사는 더 친절하고 더 자상해서 환자에게 큰 감명을 주기도 하고 많은 경험을 바탕으로 정확하게 진단하고 치료하는 주치의가 될 수도 있다는 기대감을 갖게 되었다.

그렇게 시간은 흘러 결국 내 차례가 되었다. 문을 열고 들어가니 웃으면서 맞이하는 단정한 차림의 여의사 모습이 상상했던 것보다 맑고 양순해 보인다. 나를 자리로 안내하더니 밝은 표정으로 묻는다. "회송 결과지 받아 오셨지요?" 마치 나를 직접 담당했던 전임 담당 의사인 듯 정확한 질문을 한다. 그걸 어찌 알았느냐 싶은 내 표정을 읽은 듯 "예. 여기 그동안의 내역이 다 기록되어 있어요."라고 말하면서 컴퓨터 모니터를 가리키는 표정에 지성미까지 보인다. 먼젓번 의사가 이곳을 그만두게 된 사실에 대한 서운함을 말하지 않았는데도 그녀에 대한 근황을 알려준다. 육아를 위해서 당분간 진료를 할 수가 없어 내린 불가피한 결정이었다는 것이다. 그녀와는 여고 동창으로 요즘도 자주 만나 교우하고 있다며 개인적인 형편에 대하여도 알려주는 그 마음에 친근감이 간다. 미리 실망하고 걱정하던 실없는 마음이 완전한 기우였음을 알게 되었다. 어니 젤린스키(Ernie Zelinski)의 주장을 인용하지 않더라도 우리가 근심하는 것 중에서 96%는 쓸데없는 걱정이라 하지 않던가.

가지고 간 정밀검사 회송서를 읽고 병명을 설명한다. '상세 미상의 협심증'이란 협심증이 의심된다는 의미이니 크게 걱정할 것은 아니라며 나를 위로한다. 심한 경우 스텐트(Stent) 시술 방법이 있지만 그럴만한 정도는 아니라며 아스피린과 협심증 치료용 알약을 처방해 주면서 안심시킨다. 무력감이나 우울한 증상에서 벗어나 마음이 밝아진다. 당뇨를 의심했던 궁금증에 대하여는 즉석에서 채혈을 하고 혈당 측정 검사지를 이용해 수치를 확인하더니 명쾌하게 말한다. "식후 두 시간 지나 126이라는 수치라면 절대 당뇨 아닙니다. 걱정하지 않으셔도 됩니다." 몸과 마음이 저절로 좋아지는 것 같다. 그동안 염려하던 당뇨에서 벗어났다 싶으니 갈증이 느껴질 때 마음 편하게 물을 마셔도 좋겠다. 그날 이후 숨 가쁨 현상도 나타나지 않았다. 나는 오히려 더 좋은 담당의를 만난 것인지도 모른다. 내 주치의로 믿고 건강을 맡기고 싶은 마음이 생긴다.

『수필문학』 2022년 5월호

마지막 양식

나는 중학생 때부터 요리하는데 센스가 있었나 보다. 어느 날 학교에서 돌아왔더니 어머니가 빈대떡을 부치고 있었다. 엄마가 차려 줄 것도 없이 나는 그 자리에서 한두 판을 해치웠을 것이다. 엄마는 잠깐 다른 일을 하느라 자리를 비우면서 나더러 대신하라는 것이다. 들기름을 두르고 그 위에 자루 달린 국자로 녹두 간 것을 적당하게 떠서 프라이팬에 얹었다. 기름 튀는 소리가 맛있게 들릴 즈음 고명을 적당하게 얹었다. 아랫부분이 익어갈 무렵 요령껏 뒤집고 노릇노릇 익을 때쯤 소쿠리로 옮겨 담았다. 몇 판을 부쳐낸 뒤에 엄마가 들어와서 보시고는 "제법 잘했구나."라면서 칭찬을 해 주셨다.

그 후 성인이 되어서도 나는 때때로 음식을 만들었다. 혼자서 집에 있을 때 내 스스로 주방에 들어가서 내가 먹을 거리는 내 손으로 직접 해결하는 버릇이 생겼는데 밥을 하고 반찬을 준비하는 과정이 싫지가 않았다. 라면을 먹더라도 아내나 엄마보다 맛있게 끓였던 것은 라면과 물의 비율을 적합하게 맞추는 센스가 있기 때문일 것이다. 요즘도 집에서 라면이나 국수를 먹을 기회가 있으면 내가 나선다. 내 손으로 요리한 것이라 좀 어설픈 점도 있으련만 온 가족들이 참 맛있게 먹는다.

 아내는 칭찬에 매우 인색한 편이다. 70년대 중반에 결혼을 하고 비교적 평탄하게 살아온 아내는 나의 따듯하고도 자상한 심성에 대해서 고마워한다거나 인격적 장점에 대해서 흡족해할 줄 모른다. 그런데 내 음식솜씨에 대하여만은 긍정적으로 인정해 준다.

 아들 녀석이 초등학교 다닐 때 함께 낚시를 간 적이 있었다. 그런데 종일 물가에 앉아 있었어도 입질 한 번 받지 못하는 지루한 하루였다. 준비해 간 찌갯거리를 끓여 점심 식사만 거하게 하고 돌아왔다. 오랜 세월이 흘렀고 아들은 서른 살이 넘었다. 그런데 이 아이의 기억 속에는 그날 아빠가 끓여준 부대찌개 맛이 지금까지 먹은 음식 중에서 가장 으뜸이었다는 것이다.

 비교적 간단한 요리는 내 솜씨가 더 좋다면서 아내는 나에게 부탁할 때가 많다. 장기간 집을 비울 때에도 음식 재료만 준비해 둔 채로 집을 나선다. 내 솜씨를 알기 때문이다. 지난해 추석 명절에는 아내 없이 나와 미혼인 딸, 역시 미혼인 아들과 셋이서만 보낸 적이 있었다. 추석 음식 중

다른 것은 딸아이가 만들었는데 국물 요리가 빠졌다. 추석 음식 중에서 토란국은 내가 좋아하는 음식이니 빼놓을 수 없어 내 손으로 만들기로 했다.

동네 마트에 들러 필요한 식재료를 사 왔다. 토란은 하얗게 가공해 놓은 것으로 준비했다. 잠깐 동안 쌀뜨물에 담가 두어 남아있을는지도 모를 독소를 제거했고 무는 깍두기보다 좀 크게 썰었다. 먹기 좋게 자른 다시마와 양지머리를 넣고 끓이다가 고기가 익었을 무렵 건져내어 손으로 찢어 놓았다. 재래 간장을 알맞게 넣고 대파 등 그에 필요한 재료를 차례로 넣고 끓여내었다. 어느 정도 지났을 때 파 마늘을 넣고 약한 불로 한동안 또 끓이고….

조상님들께 예배로 차례를 지낸 후에 딸아이가 아침상을 내어온다. 손수 끓인 토란국에 빈대떡과 인절미를 넣어 먹는다. 이것은 나만이 즐기는 명절 음식의 별미다. 아이들도 별말 없이 토란국을 먹는다. 처음으로 시도해 본 내 성공적인 요리 솜씨에 대해서 나 자신도 만족했다.

며칠이 지나서 아내가 돌아왔다. 추석 지낸 이야기를 하게 되었을 때 내가 끓인 토란국에 대한 딸아이의 평은 나를 자못 양양케 만들었다. 엄마 솜씨에 비해서 조금도 손색이 없다는 것이었다. 아들 녀석은 나더러 언제 요리를 배운 적이 있느냐고 묻기도 한다.

나는 요리를 배운 적이 없으니 영양학적 조리법은 모른다. 그러나 언제 무엇을 어떻게 얼마나 넣어야 하는 것과

물은 어느 정도로 잡아야 하는 것인가에 대하여는 짐작이 간다. 그것은 음식을 만드는데 일종의 센스일 뿐 지식은 아니다. 그 외에도 밥하기와 찌개 만들기에는 경륜이 붙어 누구도 다 맛있다며 칭찬을 아끼지 않는다. 가정주부는 물론 그 누구도 자신이 만든 요리를 먹고 만족해할 때의 기쁨을 나는 알 것 같다. 앞으로는 좀 더 전문적인 음식 만들기에 도전할 예정이다.

 어머니는 벌써 십수 년 전에 돌아가셨다. 입원하신 날부터 백 일 가까이 아무것도 잡숫지를 못하고 오로지 영양제 주사로만 연명을 하셨다. 병원에서 나오는 환자식은 물론 집에서 만들어 온 그 무엇도 식도를 넘기지 못하시는 어머니는 지켜보는 우리를 애타게 했다. 아직 당하지는 않았어도 바로 눈앞까지 다가온 슬픈 현실을 부인하는 가족은 아무도 없었다. 정신은 맑으셔서 진통제로 통증을 다스릴 때에는 이런저런 이야기도 하시면서 종말을 향해 가고 있었다.

 그러던 어느 밤에 어머니는 "아범이 만든 국수장국이나 있으면 먹을 수 있을 것 같은데…." 집으로 달려가서 평소에 종종 해 먹던 것처럼 국물을 만들었다. 소화기능이 떨어지셨을 테니 되도록 연하고 순한 고명과 양념을 만들어 병원으로 가지고 왔다. 간병인들이 사용하는 조리실에서 국수를 삶아 애호박을 잘게 썰어 기름에 볶아 익히고 계란으로 지단까지 만들어 뜨겁지 않게 한 대접을 말아 어머니께 드렸다. 어머니는 입원하고 처음으로 곡기를 삼키셨는데 국물이며 면발까지 한 그릇을 깨끗하게 비우셨다.

마약성 진통제를 맞고도 반 시간을 견디지 못하시던 분이 그날은 아무런 신음소리도 없이 편안하게 주무셨다. 나도 어머니의 침상 옆 간이침대에서 깊은 잠을 잘 수가 있었다. 그런데 좀 이상하다. 어머니는 아무런 뒤척임도 없는 데다가 호흡마저 일정치가 않으시다. 불현듯 밀려오는 불안감에 얼른 의료진에게 알렸다. 어머니는 편안하게 주무시는 것이 아니고 먼 길 가시기 위한 혼수상태에 드신 것이었다.

호흡과 맥박과 혈압이 기계에 의해서 체크되고 있었다. 둔한 곡선을 그리던 생명의 포물선이 마침내 곧은 선을 이룰 때 어머니를 품에 안고 기도했다. "어머니의 영혼을 받아주소서…." 여든세 해 동안 이어오던 생명의 불이 그날 밤 꺼졌다.

평생 외아들로 인한 우려와 걱정에서 벗어나신 어머니의 영혼이 이제는 한갓져지셨을 것을 생각하니 울컥 목이 멘다. 장년의 아들이 만든 음식으로 저승길의 마지막 양식으로 삼으신 것은 평생을 효도 한번 제대로 하지 못한 아들을 위로하시느라 당신께서 받으실 보은의 기회를 주신 것은 아닐는지. 그날의 일은 오랜 시간이 지난 지금도 잊히지 않는 어머니와의 추억으로 간직하며 산다.

『수필문학』 2016년 3월호

만추의 주산지

 가을이 짙게 물들고 있다. 무성하던 나뭇잎이 그 빛을 잃고 바람에 날리는 것을 보면 풀어지는 실타래의 끝을 보는 것처럼 내 남은 세월이 눈에 보인다. 한순간이라도 속에 담아 두고 싶은 좋은 계절의 한가운데 서 있다는 현실이 온몸으로 느껴진다. 짧은 계절 가을이 더 소중하다.

 흐르는 흰 구름이 내게 말하는 것 같다. "멈추지 않는 시간이 그렇게 야속하거든 아쉬워하지만 말고 가을 속으로 들어가시게. 그리고 멋대로 즐기시게. 그것이 바로 이 가을을 내 것으로 만드는 방법이지." 햇살이 퍼지기 전부터 짙푸른 하늘을 올려다보던 지난 토요일 아침에 그런 생각을 하게 되었다.

 카메라를 챙기고 자동차에 연료를 가득 채웠다. 어디로 갈 것인가는 출발 후에 생각해도 늦지 않다. 목적지는 정하지 않았는데 자동차는 서울 시내를 벗어나 이천을 지나 충주에 접어들었다. 만산홍엽이라더니 이어지는 산과 들이 온통 원색으로 물들었다. 눈으로 가슴으로 보는 것만큼 나는 감동적인 계절을 내 것으로 만들고 싶었다. 시골길 옆으로 자그마한 저수지가 있어 차를 세우고 잠깐 휴식하는데 물속에 비치는 산 그림자와 노란색 활엽수 사이로 단풍나무가 선홍색으로 빛난다.

불현듯 청송 주산지 물속에서 수백 년을 살아간다는 왕버드나무의 의연한 모습이 보고 싶었다. 비록 먼 길일지라도 목적지를 정하고 머릿속에 지도를 그리면서 남쪽으로 향한다.

문경 예천을 지나 안동에 들어서면 청송으로의 산길이 나타날 것이다. 몸은 자동차의 핸들을 잡고 있어도 마음은 바람이 되었다가 강물이 되어 마음대로 흐르기도 하고 모였다가 흩어지는 구름이 되기도 하며 나만의 홀가분한 휴식을 찾아서 간다. 지천으로 펼쳐지는 사과밭에 빨갛게 익어간 열매가 보석처럼 별처럼 반짝이며 나를 향해 사과맛 웃음을 보낸다.

다소 지루한 산길을 돌아 청송 시내를 벗어났다. 주왕산 언저리를 지나 주산지 인근에 이르고 나서야 오늘이 주말인 것과 이곳을 보고 싶어 하는 이는 나뿐만 아니었다는 사실을 깨닫게 되었다. 목적지로 들어가는 입구에도 이르지 않았는데 대형 버스와 자가용 승용차가 들길 옆 빈 밭에까지 주차되어있다. 진입로에 줄지어 선 차량의 정체로 인해 여기까지 달려오면서 누렸던 만추의 낭만은 헛된 정신적 유희였다는 허망한 마음까지 든다.

해는 이미 서쪽으로 기울고 있다. 정체되는 차량의 행렬이 언제 해소될는지는 알 수 없다. 조선조 숙종 임금 때에 조성되었다는 유서 깊은 그 저수지와 물에 잠긴 우람하게 늙은 버드나무의 모습을 못 본 채 돌아갈 수 있으랴. 더욱이 그 찬란한 단풍으로 인한 화려한 풍광 보기를 포기할 수는 없었다. 나는 더 여유로운 기행을 위해 핸들을 돌려 청송 시내로 되돌아와 좀 이른 저녁 식사를 하고 장시간의 운전에 지친 육신을 쉬기로 했다.

이튿날 새벽 동트기 전에 차에 시동을 걸었다. 길안내를 검색하고 어두운 산길을 돌아 주산지 인근 주차장에 차를 세웠다. 어둠이 채 걷히기 전인데도 인근 숙박업소에서 유숙한 다수의 관광객 무리가 연못으로 향한다. 물가에 자리 잡은 사진 애호가들이 저마다 카메라를 꺼내 들고 해 뜨기를 기다리고 서 있었다. 그들은 성능 좋은 렌즈로 정조준하는 저격수처럼 신중한 동작으로 연못 가운데 우뚝 서 있는 왕 버드나무를 조준하고 있다.

이윽고 건너편 산자락을 화려하게 수놓은 단풍의 조화가 대형 화폭에 그려진 명작 그림처럼 펼쳐진다. 미상불 사진을 사랑하는 애호가들이 꼭 오고 싶어 하는 명소임에 틀림이 없다. 사진예술의 미숙아인 내게도 흔하게 볼 수 없는 작품을 만들 수 있을 것 같은 기대감이 든다.

저수지를 둘러싼 산 전체는 황갈색 물감으로 채색한 것 같다. 요소요소에 빨간색 혹은 황금색과 청록색으로 구상화를 완성시킨 자연의 힘을 어떤 위대한 예술가의 작품에 비교할 것인가. 만수 상태의 고요한 물 가운데로 웅장하게 버티고 서 있는 왕 버드나무는 수백 년을 그곳에 뿌리를 내렸다. 비록 식물이긴 하나 무상한 세태의 변화를 몸소 겪어온 근엄하고도 과묵한 이 시대의 어르신은 아닐까.

관련 학계의 발표에 의하면 인간의 유전인자는 살아있는 동식물과 여러 면에서 동일하다는 주장이다. 가령 쥐는 인간과 92프로가 같다고 하며 침팬치와는 98프로가 동일하다는 사실은 이미 알려져 있는 학설이다. 그런데 더욱 신비스러운 것은 식물과도 18프로나 닮아 있다고 하니 이채로운 사실 아닌가.

저수지 건너편에 형광색으로 빛나는 영롱한 단풍의 숲은 내 안에 있는 어떤 인자(因子)와 닮았을까. 물속으로 투영되어 손에 잡을 수 없는 색의 신비로움은 내 안의 고독과 그리움과 떠도는 구름과 바람이고 싶은 마음의 인자인가. 가을이 깊어지면 내게 밀려드는 정체 모를 외로움과 쓸쓸한 감정은 고운 색으로 물들었다가 무심하게 떨어져 쌓이는 낙엽들의 구성인자와 다르지 않을 성싶다. 가을을 보내기 싫은 아쉬움과 초조함은 잃어버린 내 인생의 피워내지 못한 꽃망울의 인자라고나 할까 보다.

실존주의 작가 '알베르 카뮈'의 표현을 인용하자면 "모든

잎이 꽃이 되어 피어나는 가을은 두 번째 맞이하는 봄이라" 했다. 가을이라 수천만 송이의 아름다운 꽃으로 피어난 주산지의 시월을 두 번째 봄이라 부르기에 부족함이 없을 성싶다. 만추의 주산지, 내 그리움과 쓸쓸함, 외로움과 고적한 마음을 치유받은 영혼의 안식처가 아닌가.

  높지 않은 그 산마루에서부터 새벽안개가 내려오기 시작하더니 삽시간에 저수지 전체를 덮어 시야를 가린다. 주산지를 떠나는 많은 무리들과 함께 나 역시 그곳을 떠나왔다. 돌아와 일상으로 복귀했어도 고적한 듯 화려한 주산지 물속에 담긴 가을은 왕 버드나무와 함께 오랫동안 나를 놓아주지 않을 것 같다.

2017. 10.

진찰 받던 날

미루어 오던 진찰을 오늘 받기로 했다. 상의라도 벗게 되는지 몰라 샤워를 하고 내의도 새로 산 깨끗한 것으로 갈아입었다. 운전을 하며 병원으로 향하는 내 곁에 앉아 아무 말 없이 동행하고 있는 아내의 표정이 심각해 보이기도 하고 태연해 보이기도 한다. 큰 병이면 어쩌나 하는 근심과 설마 하는 마음이 교차되고 있기 때문일 것이다. 산골에서 둘만 살고 있는 처지에 남편의 건강에 심각한 문제가 생겼다면 그 절박하고 근심되는 심정을 내가 어찌 모르랴.

나이 육십이 넘어서면서부터는 몸에 조금만 이상이 생겨도 해괴한 망상에 사로잡히게 된다. 영화나 드라마에서 보면 "조금만 일찍 발견했더라면…." 안타까워 하는 경우가 많다. 이것은 피치 못할 이유로 늦게 병원을 찾은 환자에게 하는 의사의 정해진 대사가 아닌가. 나 역시 좀 더 일찍 진찰을 받아야 했는데 잡다한 일에서 헤어나지 못해 미루어

오다가 며칠 전부터 증세가 심하다 싶어 오늘 시간을 내게 된 것이다.

몇 달 전부터 왼쪽 가슴에 통증이 일기 시작했다. 처음 얼마간은 운동이라도 하다가 담이 들은 것 같아 하찮게 생각했는데 한두 달이 지나도 가라앉지 않아 은근히 걱정이 되었다. 몇 달 전 병원에서 심장수술을 받고 요양 중인 친척 형님의 경우가 생각나서 더 긴장하게 되었다. 피곤할 때면 더욱 상태가 나빠져서 상체를 움직일 때는 물론 숨 쉴 때에도 고통을 느낄 만큼 진전이 되었다.

심장의 어느 한 부분이 어떤 이유로 장애를 받고 있다는 생각이 들었다. 또는 다른 장기 중 어느 부위에 발생한 심각한 이상으로 인한 자각증상 같기도 했다. 이따금 아내에게 통증을 호소하면 "담이 든 것이 아닐까?" 하며 별로 걱정을 하지 않는다. 이렇게 무관심한 사람에게 자꾸만 말하는 것도 구차하다는 생각이 들어 혼자서만 걱정을 키웠다.

사람의 목숨은 하늘에 달렸다. 이만큼 살았으니 이제 죽더라도 크게 억울할 것은 없다며 스스로를 위로하지만, 막상 그렇게 될까 봐 걱정이 드는 것은 어쩔 수 없다. 아직도 못다 한 일을 남겨둔 것 같아 삶을 마감하기에는 이른 나이라고 생각하니 정말로 심각한 병에 걸린 것 같은 착각에 빠져들게 되었다. "당신 며칠 전에 농약 뿌리던 날 분무기가 고장이 나서 왼쪽 팔이 너무 힘들다고 하더니 그래서 더 아픈 것 아닐까?" 곁에 앉아서 운전대를 잡은 나를 그

욱한 표정으로 바라보고 있던 아내가 내 심기를 건드리지 않으려는 듯 조심스럽게 말한다.

병원에 도착했다. 두세 달에 한 번 혈압약 받을 때마다 찾는 병원이니 안면 있는 간호사와 가볍게 목례를 주고받는다. 잠시 후 이름을 호명 받고 인상이 좋아 보이는 젊은 원장 의사 앞에 내 육신을 내놓는다. 왼쪽 가슴을 만지고 두드리고 목 뒤에서 어깨를 심하게 누르면서 아프냐고 묻는다. 그렇게 심하게 누르는데 아프지 않을 수가 있나. 조금 아프다고 대답하니 청진기를 꺼낸다. 얼른 상의를 벗으려니까 옷 입은 대로 있어도 된다고 한다. "심장에 이상이 있는 것 아닐까요?" 하니 의사 선생님은 친절한 말투로 "심장은 왼쪽이 아니라 가운데 있다."고 말한다.

심각해 있는 나와 아내를 향해서 "일종의 근육통 같다."고 말한다. 가볍게 진단하는 그가 미덥지가 않다. 그래도 통증이 너무 오래간다고 했더니 웃음 띤 표정을 거두면서 "그러면 심장 초음파 검사 좀 해 볼까요?" 나에게 묻는다. "검사비가 고가(高價)라 부담이 되실 것 같아서요. 필요 없는 검사를 왜 하느냐고 물으면 제가 드릴 말씀이 없어 그럽니다." 평소에 그리 친절하던 분이 정색을 하고 말하니까 근엄한 모습만 보인다. 그러고 보니 가벼운 근육통을 모르고 나 혼자서 걱정만 하고 있었단 말인가. 심각한 병처럼 근심하던 내 체면이 우습게 되었다.

스트레스가 있더라도 이러한 증상이 오래간다며 마음을

편하게 가지라고 한다. 또한, 피곤이 누적되어도 그렇고 운동이 부족해도 이러한 증상은 생길 수가 있다고 한다. 내 생활 패턴을 새롭게 바꿀 필요가 있다며 충고까지 한다. 영양섭취를 좀 줄이시고 혈압관리도 잘 하지 않으시면 정말 큰 병으로 발전될 수도 있다며 겁을 주기도 한다. 그러고 보니 내가 이 병원에 올 때마다 좀 더 절제하고 규칙적인 생활과 운동을 하라는 권고를 듣는다.

간단한 검사를 해 드리겠다며 가슴 엑스레이와 심전도 검사를 해 보자고 한다. 그냥 말 한마디 듣고 나오기에는 그동안의 내 행동이 지나친 엄살 같아 시키는 대로 검사를 마쳤다. 결과는 물론 아무 이상이 없다고 한다. 역시 고장난 분무기 사용이 문제였나 보다. 진료비와 검사비 그리고 처방전의 약값이 합해서 만 원이 채 되지 않는 금액을 물고 병원을 나서는데 중한 병이 아닌 것이 다행이면서도 가당치도 않은 섭섭한 마음도 없지 않았다. 어찌 되었든, 걱정하던 건강문제를 완전히 해결 보게 된 것은 다행이다.

돌아오는 차 안에서 아내는 내게 말한다. "무슨 큰 병이라도 걸린 것처럼 그렇게 엄살을 부리더니…" 차 창밖으로 얼굴을 돌리고 웃는다. 둘이 살다가 누구 하나가 먼저 가게 되는 것은 당연한 순리인데도 인간사에서 배우자와의 영별이 가장 슬픈 상처라고 하지 않던가. 자동차를 몰고 46번 도로를 달리는데 기분도 가볍고 통증도 이미 멎은 것 같다. 언뜻 바라본 아내의 얼굴은 웃고 있는데도 눈물이 맺혀 있었다.

노인 흉보기

날마다 같은 시간에 전철을 이용한다. 만나는 사람도 거의 안면이 있고 특히 보호석에 앉는 노장(老壯)들은 낯이 익다. 입은 옷이며 벗어진 머리 하며 눌러쓴 모자 스타일까지 전체적 패션이 거의 비슷하다. 창밖 경치를 내다보면서 간다. 파랗게 생기 오른 들판에 무성해진 나뭇잎들과 초록으로 싱그러운 산과 들. 멀리 북한산 수락산 불암산의 바위 봉우리를 바라보며 상상하는 하루의 일과들이 창밖의 풍경처럼 스치고 지나간다. 남양주 너른 들판을 지나 서울 변두리로 접어들면 복잡한 도시와 함께 머릿속도 복잡해진다. 다양한 사람들이 차에 오르는 것처럼 다양한 세상도 함께 차를 타고 내린다.

내가 앉는 자리에 또 한 노년도 앉는다. 내가 먼저 타면 그 자리에 내가 앉고 그가 먼저 타면 그가 앉는다. 늘 같은 자리에 앉으니 눈에 익은 풍경으로 마음까지 안정되는 것 같다. 그날은 내가 그 자리에 앉았고 그 노년은 내 맞은편에 앉았다. 이름은 물론 성도 모르고 어디서 무슨 일을 하러 같은 시각에 서울까지 출동하는지 모른다. 그런데 그가 보이면 나는 불편한 심기가 마음을 은근하게 누른다. 그는 자리에 앉자마자 핸드폰 번호를 누른다. 그가 내리는 역까지 25분 동안 누군가와 통화를 하는데 내릴 때까지 줄곧 전화기를 놓지 않는다. 대화의 목소리는 주변 사람들에게 들릴 만한 큰소리다. 주제도 내용도 아무것도 아닌 잡음 같은 일상을 주고받는 동안 코로나로 인한 안내방송이 가끔씩 울린다. '차내에서는 통화나 대화를 자제하고 마스크는 입과 코를 가리시고 음식물은 섭취할 수 없습니다.'

그다음 날도 그 시각에 그를 또 만났다. 배낭을 한쪽 어깨에만 걸쳐 둘러멘 한쪽 손에 또 그 핸드폰이 들려 있는데 자리에 앉기만 하면 곧 번호를 누를 기세다. 나는 얼른 외면하고 저쪽 끝의 다른 보호석으로 자리를 옮겨 앉았다. 잠시 후 무심코 그를 건너다보니 역시 전화기를 귀에 대고 무슨 용건인지 또 그 누구와 거침없이 통화를 한다. 차내 방송에서는 어제와 다름없이 코로나 주의보를 알리면서 전화 통화나 음식물 섭취는 금지한다며 공지하고 있다. 그 노년에게도 들릴 것이고 나도 듣고 남들도 다 듣는다.

그가 차에서 내리고 주변이 조용해졌다. 그 누군가 제지하는 발언을 해도 좋았으련만 아무도 통화를 가로막은 이는 없었다. 나는 그와 가깝게 앉아있는 데다가 살아온 연륜으로 봐도 나보다는 서너 살은 아래인 것 같으니 그를 제지할 이는 나 외엔 없을 것 같다. 내 기분도 그러하지만 그에게도 아침 기분을 방해하지는 말자는 이유로 잠자코 있었다. 또한 거의 매일 만나는 관계가 민망해질 수 있다 싶어 끝내 참고 견뎠다.

어느 아침에 또 그를 만났다. 그런데 그날은 유튜브를 검색하고 동영상을 들여다본다. 이어폰을 이용할 것인가 잠깐 기대하지만 그는 볼륨을 높여 방송 내용이 이웃에게 들린다. 맞은편에 앉은 내 귀에는 더 확실하게 들리는데 지난 대선에서 낙선한 정치인의 목소리다. 인천 계양지구에서 국회의원 보궐선거에 출마한 전과 4범이라는 문제의 사나이가 또 대중의 신임을 받기 위해서 호소하는 목소리다. 그가 내릴 때까지 역겹고도 지루한 시간을 보냈다.

다음 날 또 그를 그 자리에서 만났다. 오늘은 그가 무슨 분방(奔放)한 모습을 보일까. 전철을 타기 전 역 광장에서 전단지 돌리는 여인으로부터 받은 물티슈 포장에서 한두 장을 뽑더니 주저하지 않고 자신이 신고 있는 운동화의 하얀색 고무 부분을 닦는다. 그가 신발을 닦는 동안 나는 속으로 저 쓰레기 후처리를 어떻게 할까 생각해 봤다. 가지고 내려서 휴지통에 넣을까. 혹시나 하던 내 기대는 고급스러운 허욕에 불과했다. 쓰고 난 티슈를 버리기 위해서 눈길이 닿지 않는 곳을 찾으려 하나 전철 의자 아래에 그럴 만한 곳이 어디 있던가. 춘천에서 출발한 전동차 내에 많은 승객이 타고 내리고 숨차게 달려왔어도 바닥에 티끌 하나 없이 깨끗했는데 오로지 그 노년이 쓰고 버린 구겨진 물티슈 한 뭉치만 아무렇게나 버려졌다.

차내에서 예절에 벗어난 행동으로 주변 사람들의 이맛살을 찌푸리게 하는 노인들. 경로석으로 알려진 보호석에 혹 젊은이가 앉아있으면 곱지 않은 눈총을 쏘아대다가 끝내는 일어나라고 호통을 치는 어른들도 있단다. 젊은이는 그 보호석에 앉으면 비난의 대상이 된다. 그와 반대로 일반석에 노인이 앉는다고 예절 모른다며 불평하는 이는 없다. 불평등의 허용된 이점을 차지한 것에 감사해야 한다. 늙어서 약해진 육신을 내세울 것이 아니라 어르신이라고 대우받으며 복지행정의 혜택을 누리고 사는 노년 우대 정책에 감사하는 마음을 가져야 한다. 한 발 물러서며 젊은 시절에 당연히 지켰던 것처럼 양보하고 배려하는 미덕을 보인다면 젊은 세대는 어른들을 더 존경하며 더 양보하며 더 감동할 것이라는 생각을 하며 산다.

그러나 노년이라고 모두가 이처럼 격조 없는 행동을 하지는 않는다. 대다수의 어른들은 사회적으로 모범을 보이며 주변 사람들에게 귀감이 되어 더욱 밝은 세상으로 이끄는 데 공헌을 한다. 오늘의 이 노년도 젊은 시절에는 공공의 질서를 지키며 윤리에서 벗어난 행동은 하지 않았을는지도 모른다. 늙어가며 살아온 환경에 의해서 타인을 배려하기보다는 자신의 편의(便宜)만 찾는 예절 없는 어른으로 변했을 수도 있다. 만년을 살아가면서 가슴 따듯해지는 미담만 전하고 듣기를 원하지만 오늘 아침은 어떤 노인을 흉보면서 목적지에 당도했다.

   그런데 흉잡힐 노인은 바로 나 자신이라는 것을 알았다. 공중(公衆)을 불쾌하게 만드는 이가 있어도 끝내 침묵했던 것은 타인을 이해하고 포용하는 고매한 인격 때문이 아니다. 공중을 해치는 거친 통화나 오물이라도 아무 데나 던져 버리는 그의 사회성으로 보아 자신을 지적하는 목소리를 옳게 수용하리라는 기대를 할 수 없다. 무례한 행동을 제지하기 위하여 출근길부터 일전(一戰)을 불사(不辭)하는 오지랖을 갖지 않고서야 누가 그의 예절 없음을 탓할 것인가. 오늘 내 불편했던 인내는 누구에게라도 흉잡힐 만한 부끄러운 방관이었다는 사실을 깨달아 자성(自省)하며 하루를 보냈다.

2022. 2.

잘못 배달된 문학

 지금 생각해도 알 수 없는 일이었다. 어느 해인가 잘못 배달되어 온 우편물을 받은 일이 있었다. 그것은 서류봉투에 밀봉된 『월간 에세이』라는 문예지였다. 주소와 동 호수를 보면 내 집이 확실하지만, 수취인의 이름은 다른 사람이었다. 우리는 4층짜리 공동주택에 살고 있었는데 겉봉에 기록된 성명을 수소문했어도 인근 어느 집에서도 같은 이름을 찾을 수가 없었다.
 며칠을 기다리다가 결국 개봉하여 읽게 되었다. 그런데 이것이 가슴속에 묻혀 있던 문학에 대한 내 감성을 일깨우게 되었다. 사회생활을 하면서 글쓰기와는 전혀 다른 곳에 터전을 두고 있었지만, 비 오는 밤의 향수처럼 가끔씩 밀려오는 문학에 대한 미련과 이루지 못한 꿈을 찾으려 애쓰던 때였다.
 그때 읽은 수필들이 내 마음을 움직였다. 소설처럼 꾸밈이 없어 황당하지 않고 시처럼 난해하거나 허무하지 않으면서 향기로운 감동에 젖을 수 있어 수필의 매력에 젖어 들기 시작했다. 이 문예지는 그 후에도 몇 달쯤 더 배달되었는데 그것은 내게 글을 쓰고자 하는 의욕과 할 수도 있겠다는 가능성을 동시에 갖게 해 주었다.

같은 무렵에 내가 다니는 교회에 신실한 여자 권사님이 돌아가셨다. 오십 대 초반의 경길자 권사, 그녀는 무엇 하나 부러울 것 없는 윤택한 생활을 하면서 인생을 즐기며 살 수 있을 나이에 세상을 떠났다. 많은 동료 신자들의 애통과 오열 속에 그녀는 갔고 그 주간 『뉴스레터』라는 교회 신문에 그녀의 수필 한 편이 추모 특집으로 게재되었다. 이 글의 제목은 「수도원에 내리는 비」인데 고적하고 경건한 분위기의 산상 수도원에 내리는 비는 상상만 해도 감성을 자극하기에 충분했다. 그녀는 수필문학회 회원으로서 또는 기독교수필문학회의 중견 작가로서 문향을 날리고 있었지만, 그것은 내가 훗날 알게 된 역사이고 나는 그녀의 수필 한 편으로 정서적 공감을 느끼게 되었다.

「수도원에 내리는 비」는 이미 수년 전에 같은 지면에 발표했던 것이었다. 이 수필 한 편을 그녀가 작고한 주간에 추모 특집으로 재편집한 것을 보면 경길자 님의 수필은 나에게뿐만 아니라 많은 독자 교인들도 기억하게 만든 수작(秀作)이었을 것이다. 이 글을 읽은 감동과 『월간 에세이』를 읽은 영향은 내게 곧바로 글쓰기를 시도할 수 있도록 자극을 주었다. 그리고 몇 주일 후 『뉴스레터』에 내가 쓴 신앙수필 한 편이 실렸다. 이 글 한 편이 나를 수필 창작 분야에 스스로 입문하게 만든 셈이 되었다. 이것은 등단하기 수년 전의 일이었지만 몇 차례 퇴고의 과정을 더 거쳤어야 할 어설픈 구성이었다.

90년대 말은 컴퓨터에 대한 필요성이 날로 대중화되고 있던 시기였다. 인터넷 공급에 대한 정부의 시책이나 사회적 인식이 급속도로 확장되어 가던 무렵에 가까운 친구의 집요한 권유에 의해서 컴퓨터를 배우게 되었다. 워드를 익히고 서류작성을 하며 업무에 도입하고 보니 편리한 점이 한두 가지가 아니었다. 컴퓨터를 익히던 과정에서 있었던 이야기를 수필형식으로 쓴 습작(習作)이 초회추천을 받게 된 것은 한참 훗날의 이야기다.

그 무렵은 네티즌들 간의 소통이 PC 통신이라는 방법으로 새로운 문화를 이루던 때였다. 인터넷에 눈을 떠가는 과정에 PC 통신을 통하여 문학 사이트를 찾게 되었고 사이버 문학의 동호회인 펜넷문학회를 알게 되었다. 이 만남은 문단으로 가는 길을 찾지 못해 답답해하던 내게 한 줄기 빛으로 다가온 것이어서 등단으로 향하는 첫걸음이 되었다.

시인과 소설가 그리고 수필가 등 여러 기성 작가들로 구성된 문학인의 만남인 펜넷문학회. 재능과 의욕이 있는 동인들은 손님 자격으로 드나들면서 작품을 읽거나 쓸 수도 있는 모임이었다. 몇 달간 수업의 시간을 보내고 2000년 4

월호 월간 『수필문학』으로 초회추천을 받고 준회원의 자격으로 격상하게 되었다. 나를 『수필문학』에 소개하고 초회추천과 추천완료 응모에 추천해 준 분은 펜넷문학회 회장인 맹명희 님이었다.

잘못 배달된 문예지를 읽으며 글을 쓰고자 하는 의욕이 고조되었고 유명을 달리한 수필가의 추모 특집 한 편으로 마음의 감동을 받은 것은 수필을 쓰게 하는 직접적인 동기가 되었다. 내 자신도 알지 못한 채 우연처럼 이루어진 이 모든 과정은 평소에도 문단으로 가고자 하는 뜻이 깊어 마침내 길이 열린 것이 아니었을까.

펜넷문학회의 회장과 가깝게 교제할 수 있었던 것은 내게 큰 행운이었다. 수필에 대한 첫걸음부터 배움을 시작하여 드디어 등단할 수 있도록 길을 인도받게 되었기 때문이다. 그녀는 내게 수필작법의 스승이며 선배작가이고 내 수필에 지대한 영향과 색깔을 입혀준 분이다. 근 십 년이 지나간 지금은 가까운 친구로, 문학회의 동지로 또는 내 글에 대한 뼈아픈 잔소리꾼으로 나를 피곤하게 만들어 주는 고마운 분이기도 하다. 문장력은 물론 조사 하나에 이르기까지도 소홀히 해서는 안 되는 완벽한 작품을 주문하는 그녀에게 그러나 나는 아직도 미흡한 수필지망생에 불과할 뿐이다.

2001년 3월에 월간 『수필문학』으로부터 추천완료의 소식을 듣고 기쁘지만 조심스러웠다. 등단과 함께 그에 못지않은 책임감이 뒤따른다는 것을 알게 되었기 때문이다. 심금을 울릴 만한 감동을 주지 못하는 수필은 독자를 피곤하고 지루하게 만들 뿐이다. 사회의 지도자로 혹은 기업체의 고위직 간부 또는 학계나 정계에서 명성을 떨치던 호화로운 경력의 선배작가들에 비해서 젊어 한때 직장생활을 했지만, 평사원의 지위를 벗어나지 못해 가난을 면치 못했던 인생의 경험으로 무엇에 감동적인 글을 쓸 것인가.

어느 날 김소운의 수필 「가난한 날의 행복」을 읽었다. 등장하는 세 주인공의 이야기를 떠올리며 내 보잘것없는 체험도 가치 없이 흘러간 세월의 흔적만은 아니라는 생각에 이르게 되었다. 내가 쓰는 수필은 늘 가난하고 빈약하다. 하지만 지식과 권위 그리고 부(富)나 명예가 감동의 조건은 아니기에 지금도 부끄러운 글을 쓰고 있다. "행복은 결코 부와 일치하지는 않는다."는 김소운 님의 맺음이 내가 쓰는 수필에 한 줄기 빛으로 남는다.

2008.

4

11월의 노래

고마운 통증

「아프니까 청춘이다.」 한때 베스트셀러였던 에세이집의 제목이다. 그렇지만 청춘들만 아픈 것은 아니다. 세상 살만큼 살아온 어른들은 육신 말고도 아픈 곳이 더 많다. 자식들의 성장기에 충분한 자양분으로 충족하게 해 주지 못했던 과거를 돌아보면 마음이 아프다. 또한 계획했던 대로 이루지 못한 세상 적 성취도에 대한 아쉬움도 생각할수록 아프고 내가 부모가 된 뒤에서야 알게 되었지만 내 부모의 가슴에 걱정과 실망감을 안겨 주었던 일 또한 가슴 아프다. 이른 나이에 우리 곁을 떠나간 친지와 형제들에 대한 그리움은 또 어떠한가. 지난날을 돌아보면 가슴 아픈 기억들로 괴로울 때가 많다.

그런데 정작 참기 힘든 아픔은 육신의 질병이나 부상(負傷) 등으로 인한 통증이다. 살면서 크고 작은 육신의 상처는 4천 번쯤 되는데 그중에 95퍼센트는 손 부위에 입는다는 통계를 본 적이 있다. 살아있는 한 끊임없는 노동의 방식은 대개 손에 의해서 이루어지기 때문일 것이다. 나는 천성이 굼뜨거나 데면스러운 면이 없지 않은 탓에 손가락이 여러 번 수난을 겪었다. 어느 날 퇴근 후에 거실 벽에 시멘트 못을 박아야 할 일이 생겼다. 얼른 끝내려는 생각으로 못을 때리는데 잠깐 한눈을 팔았던지 장도리는 못이 아닌 내 엄지손가락을 힘차게 내려쳤다.

또 이런 일도 있었다. 자동차 운행을 마치고 도어를 닫는데 손가락을 채 피하지 못한 상태에서 힘껏 닫았다. 문틈에서 빠지지 않는 손가락을 빼내기 위해서 문을 다시 열었다. 두 손가락에서는 이미 검붉은 핏방울이 뚝뚝 떨어진다. 한 번이 더 있다. 사무실 출입문 유리도어는 유압식 힌지(Hinge)에 의해서 개폐의 속도가 조절되는 방식이다. 공교로운 고장으로 유압 작용이 온전치 못한 상태라 서로 교차하는 유리문의 순간속도는 공포 수준이었다. 막 닫히는 유리문과 유리문 사이에 손가락이 끼어 거의 절단 수준에까지 이르렀던 경험도 있다. 그 외에도 더 있지만 생각조차 하기 싫은 실수로 인해서 사고 때마다 손톱이 빠지고 새로 나고 하는 동안 6개월쯤 고생했다.

그런데 아픔을 느낄 수 있다는 것은 건강한 증거라는 것을 알게 되었다. 세상에는 아픔을 느끼지 못하는 이들도 있어 큰 불행으로 이어지기도 한다. 각종 암이 발병하는 초기에는 아무런 통증이 없어 자각으로는 인지할 수 없다. 이로 인한 불행은 주변에서 얼마든지 볼 수 있는 사례다. 한센병의 비극 역시 통증을 느끼지 못하는 데 있다.

 오래전 원인 모를 통증에 시달린 적이 있다. 새벽녘 잠결에 아랫배 부분이 은근하게 아프기 시작했다. 잠에서 깨어나 통증의 원인은 무엇일까 짚어봤다. 저녁 식사에 문제가 있었을까. 그러나 소화기나 장기의 이상에 의한 통증은 아니라는 생각이 든다. 무언가 의미를 새겨 봐야 할 아픔인 듯 기분 나쁜 증상이 이어지는 것이었다. 새벽 응급실을 생각했으나 마땅치 않은 교통편으로 망설이는 틈에 통증은 조금씩 가라앉았고 그 후 한동안은 아무렇지도 않았다.

 통증은 한 달쯤 후에 다시 찾아왔다. 아팠던 기억마저도 잊고 지내던 어느 새벽녘 지난번과 거의 같은 시각에 낯익은 손님처럼 찾아왔다. 원치 않은 방문객으로 놀랐어야 했는데 그냥 지나다가 들른 이웃을 맞듯 태연하게 대한 것은 반 시간쯤 지나면 돌아갈 것을 알기 때문이었다. 더 머물러 있기를 바라지 않는 손님은 약속한 것처럼 금방 돌아갔지만 혈뇨(血尿)로 보이는 분홍색 소변 줄기를 남기고 갔다. 통증의 원인이 아닐까 싶었지만 분주한 일상으로 또 무심하게 지나쳤다. 대략 한 달쯤 뒤에 전과 동일한 증상으로 새벽잠에서 깨었다. 동네 의원을 찾은 것은 그날 낮이었는데 최초에 증상을 느낀 날로부터 석 달쯤 지난 뒤였다.

 깊은 의학적 지식과 풍부한 경험을 가진 원장 선생님은 내게 소견서를 써주며 암 전문 병원을 소개한다. 종양 치료를 전문으로 하는 대형 병원에 외래 진료 예약을 하면서 큰 병이 찾아온 것은 아닐까 의심하게 되었다. 며칠을 기다려 순서가 되었고 여러 가지 정밀검사를 하면서 비뇨기과 과장은 내게 말한다. "방광염일 수도 있고 방광에 암이 발생했을 수도 있습니다." 결과가 나오기까지 불안하고 초조한 마음이 여간 아니다.

불길한 예감은 대개 적중률이 높다. 결과를 기다리는 본인과 가족들은 암흑 속에서 한 줄기 빛을 찾으려 했고 설마라고 하는 요행에 명운을 맡기기도 했지만 종당에는 절대자의 주관하심에 따르기로 자신과 합의한다. 하지만 최악의 경우 모든 것 남겨두고 떠나야 한다면 그 아쉬움과 두려운 마음은 어떻게 감당하랴.

며칠 뒤 방광에 종양이 발생했다는 결과를 통보받았다. 다행인 것은 초기에 발견되어 항암이나 개복(開腹)은 하지 않고 내시경으로 암 부위를 제거할 수 있다는 것이다. 시술은 진행되었고 며칠 동안의 입원생활을 마치고 퇴원했다. 그러나 방광암의 재발 확률은 70퍼센트 이상임으로 다년간 두고 관찰해야 한다는 것이다. 그 후에 한 달에 한 번 혹은 삼 개월에 한 번 또는 1년에 한 번씩 십여 년에 걸친 내시경 검사로 상태를 확인하며 오늘에 이르렀다. 아직까지 한 번도 재발하지 않은 것은 초자연적인 섭리인 줄 믿으니 감사할 뿐이다.

그 이상한 통증의 정체는 무엇이었을까. 나를 맡아 치료를 담당했고 관리해 주던 비뇨기과 과장 선생님은 정년으로 현직에서 물러나면서 내게 부탁을 한다. "통증과 방광암과는 아무런 관계가 없습니다. 또다시 하복부의 통증이 있거든 지체하지 말고 내원하시라"는 조언을 했다. 그러나 그 후 이십 년 가까이 지나도록 그날의 이상한 통증은 발생하지 않았다.

    초기에는 통증이 없기 때문에 많은 환우들이 무심하게 병을 키운다고 하는 암. 인생이 끝나는 줄 알고 체념 상태에까지 이르렀던 절망의 늪에서 다시금 돌아와 이만한 나이를 살아가는 행운은 그날 새벽 하복부에 발생한 원인 모를 통증으로 인함이었으니 이 얼마나 고마운 통증인가.

2022. 5.

골동품상에서

　서울 황학동엔 골동품 시장이 있다. 그곳은 일반 상가에서 보기 힘든 옛 민속품이나 중고 생활용품들을 사고 파는 곳이다. 선인들의 손때가 묻어있는 고가구도 있고 세월을 잃어버린 시계, 낡은 카메라, 중고 가전제품, 제작 연대가 분명치 않은 도자기, 고색 짙은 미술품 등 다양한 물건들이 새 주인을 기다리고 있다. 박물관에서 보았음직한 청동 조각품이 있는가 하면 헌 문짝이나 수레바퀴도 있다.
　간혹, 이곳을 통해서 진귀한 골동품이 헐값으로 거래되기도 한다. 그것은 취급하는 당사자도 그 가치를 잘 모르기 때문에 일어날 수 있는 일이다. 수년 전에는 대원군의 친필 사군자 병풍이 헐값으로 매매된 적이 있었다. 며칠 후 그 작품이 매우 희귀한 진본임을 안 주인이 다시 찾으려 했지만, 그것은 이미 쉽게 손닿을 수 없는 곳에 숨겨져 있었다는 것이다.

황학동 골목길에 진열되어 있는 저 물건들, 지난날 한때는 필수의 신제품으로 수요자의 기호를 만족시켜 주었던 것들이다. 오랜 세월 갖은 영욕의 인간사를 겪으며 한 시절 지냈을 그것들이 지금은 좁다란 중고 시장의 진열대 위에서 새 주인을 기다리고 있는 것이다. 황톳길을 구르던 수레바퀴, 한겨울 문풍지를 울리며 바람을 막아주던 문짝 등 그것들이 요긴하게 쓰이던 시절을 생각하면 흘러간 시절의 향수를 불러일으킨다.

　이러한 옛것들이 용도가 바뀌어 장식용으로 팔려 나가는 현실을 바라보면서 인생여정을 생각한다. 정년이 되어 현역에서 퇴임한 노인들이 자기만이 터득한 노하우나 전공과는 무관하게 단순 일용직으로 나가기도 한다. 그나마 건강과 기회가 있어 다시 일할 수 있는 것은 다행이다. 안쓰러운 것은 어느 곳에서든 쓰일 곳도 찾는 이도 없어 시간만 허송하는 분들이다. 재활용이 가능한 중고품이나 품격을 평가받을 수 있는 골동품이 그 가치를 인정받지 못한 채 사장되는 것을 보는 듯 마음이 안타깝다.

　얼마 전엔 그곳에서 주물난로 하나를 구입했다. 우리 공장에 필요한 난방기구를 구하러 나갔다가 사 온 것이다. 녹슨 곳을 철 솔로 문지르고 기름으로 닦고 나니 무쇠의 색깔과 문양이 되살아났다. 썰렁하던 공장 안 분위기에도 어울려 보이고 화력도 꽤 좋다. 게다가 건설현장에서 버리는 목재를 화목으로 사용하니 난방비까지도 절감되는 이중의

득을 보게 된 셈이다.

또 하루는 복잡한 길가 좌판에 나와 있는 중고 카메라 한 대가 눈에 띄었다. 주름상자로 된 렌즈가 접혀 들어가기도 하고 튀어나오기도 한다. 낡고 작은 것이지만 탐탁한 모양이 마음을 끈다. 이리저리 살펴보니 주인이 작동을 시켜보며 친절히 설명해 준다.

독일 슈나이더 사의 레티나(Retina), 지난 60년대 초까지 생산되던 명품이다. 카메라의 생명이라 할 수 있는 렌즈는 롤라이 후렉스 사에서 제작한 쿠스나(Xenar)다. 이 렌즈는 1929년부터 발매하기 시작한 제품의 초기에 사용된 것이다. 어림잡아 60년 이상의 세월이 흐른 고물 사진기의 레버를 돌리고 셔터를 누르니 조리개 여닫히는 소리가 경쾌하다. 아직도 쓸 수 있는 것이라며 주인은 내 의중을 살핀다. 가격을 물으니 만만치 않은 액수를 부른다. 평소에 갖고 싶었던 것이었기 때문에 선뜻 값을 치렀다.

집으로 가지고 와서 먼지를 털어 내고 찌든 때를 벗겨내니 한결 물건답다. 세밀하게 살펴보아도 그리 훼손되어 있지는 않았다. 필름을 넣고 내 집 창가에 찾아온 초겨울 벗은 나무 가지에 핀트를 맞추고 셔터를 누른다. 지금까지 쓰고 있던 전자식보다 조작이 약간 불편한 것 외엔 찍혀진 상태는 역시 명품답다. 단지 초기 카메라로서 흑백 시대에 만들어진 때문인가 컬러의 선명도는 좀 떨어지는 듯하다.

지난 시절 누구에게 쓰임 받던 것일까. 어떤 경로를 거쳐

서 오늘 나의 소유까지 되었는지 알길 없다. 어느 행복한 가정의 귀한 자녀들이 성장하는 과정을 이것으로 기록도 하였을 것이고 신혼여행에서의 달콤하고 가슴 벅찬 희망을 일생의 추억으로 남긴 것일 수도 있다. 아니면 노련한 사진작가의 손에 의해서 감동적인 작품을 탄생시킨 것일지도 모른다.

이 고물 카메라를 바라보며 청소년 시절 선친께서 사 주신 일제 카메라를 대할 때의 신비감에 젖어든다. 또 오랫동안 접어두었던 내 젊은 날의 꿈도 되살아난다. 지금과는 달리 사진으로 해서는 호구책이 되지 못하겠다는 판단으로 전업을 해야 했던 지난날의 흔적이 떠오르기도 한다. 작지만 고풍스러운 멋이 옛 친구라도 만난 듯 정감이 간다. 머지않아 다가올 내 정년 후의 무료한 시간을 영상예술의 창작으로 승화시키고 싶은 희망이 샘솟는다.

지나는 길 바쁘지 않은 시간에 나는 그곳 황학동 시장을 자주 들르는 편이다. 인파의 물결 사이로 진열되어 있는 오래된 생활 도구들을 보면 지난날의 향수와 역사를 되뇔 수 있어서 좋다. 또한 하찮아 보이는 물건일지라도 필요한 사람에게는 얼마든지 긴히 쓰일 수 있다는 사실에서 이유 모를 위안도 얻는다.

열정적인 삶으로 젊은 시절을 보낸 어르신들의 노후가, 공원의 양지바른 곳이거나 담배 연기 가득한 마을 경로당인 것을 볼 때 늘 안타까운 마음이었다. 그것은 사회 구조상의 문제라 할 수도 있으나 정신과 육신이 건강한 노인들의 다양한 체험과 귀한 지식은 이 시대에도 값지게 쓰일 수 있어야 한다고 생각한다. 이성보다는 감성의 지배를 받던 젊어서 보다 시행착오로 인한 실패와 성공을 거듭하여 쌓여진 역량은 노후에 더욱 비중 있는 활동을 할 수 있을 것이다.

지미 카터 전 미국 대통령은 현직에서보다 은퇴 후에 더 굵직한 업적을 남기고 있다. 그는 대통령직에서 물러난 후 세계 냉전을 종식 시키는 데 큰 역할을 했고 지금도 재직시보다 인류를 위한 큰일을 하고 있다. 대통령 시절의 귀한 체험이 밑바탕 되어서 더욱 가능했을 것이다. 황학동, 그 시장에 쌓여있는 중고품들을 보면서 내 남은 삶을 생각한다. 현직에서 물러난 후라도 자신을 <u>스스로</u> 가꿔 새로워질 때 값지고 중후한 인간 골동품이 되어질 수도 있다는 이치를 깨닫는다. 내 삶의 가을 문턱에서 다가오는 추운 계절을 준비해야 할 때인 것 같다.

『수필문학』 2001년 3월호 추천완료 작품.

문단 추천위원회 심사평

서대화(徐大和)의 「골동품상에서」는 황학동 골동품 시장의 풍경과 생태를 잘 그렸다. 실제 상황을 보는 것처럼 선명하고 자상하게 그렸고 무질서하게 놓여있는 물건들을 중요도에 따라 잘 픽업하여 언급함으로써 작자의 사물을 보는 눈과 의미화의 역량이 대단함을 느끼게 한다.

별것 아닌 줄 알고 팔았다가 다시 되찾으려니 이미 손길 닿을 수 없는 곳으로 사라져 버린 대원군의 친필 사군자 병풍 이야기, 황톳길을 구르던 수레바퀴, 한 겨울밤 문풍지를 울리며 바람을 막아주던 문짝 등에 대한 향수의 표현도 신선하고 주물난로와 중고 카메라를 산 이야기가 재미있게 전개되고 있다.

뿐만 아니라 그들 중고품들을 인간에 비유하고 한때 권력과 부를 누리고 국가 사회에 공헌한 자라도 은퇴하고 노후하면 용도 폐기되고 다른 사람은 버린 물건이라도 내게는 유용하게 쓰일 수 있으며 또 약간 고장이 나고 노후했어도 손을 잘 보면 제 기능을 발휘할 수 있다는 점, 게다가 구관이 명관이듯 옛 물건이 더 좋을 수 있다는 작자의 주제 의식이 돋보인다.

유용한 물건을 발견하는 것뿐 아니라 한가한 시간을 값지게 보낼 수 있고 물건과 기구들의 변천 과정과 그 역사를 알 수 있는 골동품시장의 견문을 누구든 한번 해 보고 싶은 정감을 느끼게 하는 글이다.

꽃잎은 하염없이

 문상을 가기 전날 밤은 세찬 바람과 함께 많은 비가 내렸다. 봄비치고는 꽤 많은 양이어서 떠나는 이의 못다 한 사랑에 대한 아쉬운 눈물일 거라는 생각도 했다. 망자를 보내는 슬픈 마음으로 빈소를 지키는 가족들에게 그 밤의 빗소리는 얼마나 참담할까. 연전에 남편의 발병 사실을 담담하게 전하던 그녀는 지금껏 가슴속으로만 애태웠을 뿐 우리들에게 낱낱이 말하지 않았다. 그러나 이따금 남편과 국내외로 여행을 다니면서 찍어 보여주는 사진은 보는 이들에게 이별을 준비하는 추억여행이라는 예감을 주는 것이어서 행복해 보이기보다는 아련한 연민을 느끼게 했다. 그러던 그녀가 결국 남편의 부음을 전해온 것이었다.
 동트기 전까지 퍼붓던 봄비는 아침이 되면서 그쳤다. 지방도시 외각에 자리한 요양병원 장례식장 주변으로 진분홍색 철쭉꽃이 만개해 있다. 인생을 살다가 지금의 우리처럼 문상객이 되어 이곳을 오기도 하고 종당에는 사랑하는 가족 친지들의 헌화를 받는 주인공이 되어 누워있을 곳. 그러나 언제 오더라도 가벼운 거부감으로 외면하고 싶은 곳이기도 하다. 슬픔에 젖어있는 분들이나 그들을 위로하기 위해 찾아오는 사람들의 마음과는 상관없게 짙푸른 하늘에는 하얀 구름이 목가적(牧歌的)으로 흐르고 싱그러운 바람은 부드럽게 꽃향기를 날리고 있다. 그곳이 장례식장만 아니었다면 콧노래라도 부르고 싶은 청명한 날이다.

배우자를 영안실 차가운 냉동고에 눕혀 놓은 적이 없는 우리가 그녀의 심정을 어찌 헤아릴 수 있으랴. 그녀의 검은 상복 속에 가려진 슬픔을 인간의 언어수단으로 어떻게 위로할 수 있을까. 동행한 친구들이 말없는 허그로 인사를 대신한다. 때로는 말보다 마음을 주고받는 스킨십으로 더한 위로를 받을 수 있기 때문이다. 사랑하는 사람을 보낸 서러움으로 여태까지 울먹였을 그녀는 창백한 얼굴로 우리를 맞이한다. 문상객의 숫자로 유가족의 슬픔을 나누거나 해소시킬 수 있다면 최소한 우리들 네 친구들의 몫만큼은 덜어졌는지도 모른다. 생전에 잉꼬 새처럼 서로 바라보면서 애틋한 사랑을 나누었다는 이들 부부의 작별은 감당하기 힘든 슬픔이었을 것이다.

수차례에 걸친 입원과 퇴원을 반복했어도 이번만은 비장한 각오를 했을 것이다. 병원 체류 기간이 길어지고 점차 쇠약해지는 자신을 돌아보며 그분은 남아있는 생존의 시간이 막바지에 이르렀다는 사실을 눈치로 알았을 것이다. 게다가 장성한 두 아들은 직장에 이미 휴가를 얻어 환자인 아버지와 함께 같은 병실에서 기거했다 하니 자신이 걸어가고 있는 마지막 시간을 어찌 깨닫지 못했을까. 그녀는 임종을 눈치로 알고 있을 남편을 품에 안고 생의 마지막 단계에 이르러 사랑의 밀어를 나누었다는 것이다.

"나는 평생을 당신과 함께할 수 있었던 것이 최대의 행복이었어요."

"우리가 지금 헤어진다면 하늘나라에서 다시 만날 수 있어요. 그동안 먼저 가서 편하게 지내고 있으면 나도 머지않아 당신 따라갈 거예요."

"두 아들 모두 잘 키웠고 나름대로 성공한 생활을 하고 있으니 우리 할 일은 다 했지요. 막내아들도 손자 둘씩이나 낳았으니 우리는 행복한 가정이잖아요. 안심하고 편히 가요."

"당신이 있어 내 일생은 행복했답니다. 당신을 사랑하는 마음은 지금도 변함없어요. 사랑해요. 사랑해요."

마치 멜로드라마에서와 같은 순정적인 언어로 작별인사를 나누었다는 것이다.

이 세상에서 가장 진실되고 숭고한 마음으로 고백한 사랑을 아마도 그 역시 겸허하고 진실한 예의를 갖추어 받아들였을 것이다. 생의 마지막 순간, 남편의 귓가에 가만가만 말할 때 듣는 이의 미세한 목소리의 대답과 함께 흐르는 눈물을 보았다고도 했다. 마지막 가는 길에 아내의 환송을 받으며 떠날 수 있어 먼 길이라도 외롭거나 두렵지 않았을는지도 모른다.

이 글을 쓰는 나 역시 몇 번의 크고 작은 수술로 병원 신세를 지면서 여기까지 왔다. 산소 호흡기를 부착하고 누워 있을 때 아내는 내 병상을 지켜주었다. 목숨이 위독한 상태는 아니었더라도 병원 옷으로 갈아입고 병상에 누우니 자연히 혈기는 사라지고 어느새 양순한 환자가 되었다. 게다가 아내에게서 평소엔 느끼지 못했던 자상한 구완을 받으니 그 품에 의지하고 싶도록 마음은 약해져 간다. 때때로 젖은 헝겊을 입술에 대주어 수분을 공급해 주기도 하고 움직이기 힘들어하는 팔다리를 주물러 주기도 해서 과분한 호사를 누린 적이 있다. 아내의 간호로 인해 순하고 연약해지는 남편의 마음은 아내에게서 어머니의 사랑을 느끼기 때문일 것이다. 침상에 누운 불편한 상태에서도 자못 평안한 시간을 보내던 나는 평상시와는 또 다른 안락함을 느꼈다. 이대로 그만 인생의 종말에 이른다 해도 아내가 곁에 있어 행복한 임종을 맞을 것 같다는 생각을 한 적이 있다.

그녀가 아내의 본능으로 마지막 사랑 고백을 했을 때에 그녀의 남편 역시 내가 느꼈던 평안함과 행복감을 느꼈을 것이다. 고인이 된 그분은 나와 같은 시대를 살아온 동갑내기라고 하니 생각하고 추구하는 정서 또한 비슷할 것이라는 내 판단에서다. 그분은 지금쯤 그가 믿는 신앙에 의해 천국에서 영생의 기쁨을 누리고 있을 것이다. 모든 장례 절차와 유골 안치에 대한 과정을 마친 그녀는 지금쯤 피곤한 몸 그대로 깊은 슬픔에 잠겨 있을는지도 모른다. 그녀에게 하늘에서 주시는 위로와 평강의 은총이 함께하기만을 바라며 내내 안락한 삶을 살아가기 바란다.

호반의 도시, 비 온 뒤의 짙푸른 하늘에 구름은 흐르고 꽃잎은 하염없이 바람에 날리는 4월의 하루. 불어오는 강바람에 남아있던 꽃잎이 산산이 흩어지고 있다. 인생이나 벚꽃이나 피었다가 지는 것은 자연의 자연스러운 조화인 것을 어찌하랴.

삼가 고인의 명복을 빈다.

만년필이다

 기억해야 할 정보가 많은 세상에 필기구 하나는 꼭 가지고 다녀야 한다. 길에서나 혹 어떤 모임에서라도 급하게 기록할 일이 생겼는데 주머니에 볼펜 하나 없다면 쓰기를 포기하거나 그 누구에게라도 빌려 써야 한다. 그런데 그 누구라는 이가 바로 나 본인이어서 도움을 줄 수 없다면 크게 결례라도 한 것처럼 미안하고 부끄럽기까지 하다. 나는 소위 글을 쓰는 수필 작가라 하면서도 볼펜도 없이 외출을 했다가 기록해야 할 일이 생겼을 때 곤욕을 당한 적이 많다.
 볼펜이 나오기 전에는 연필이나 펜으로 필기를 했다. 중학생만 되어도 펜을 사용하던 시절 어린 나이에 잉크병 관리가 미숙해 책가방 겉으로 새어 나오는 경우도 흔했다. 그때를 살아온 이들이라면 손이나 교복 바지에 퍼런 잉크 자국을 묻히고 다닌 적이 많았을 것이다. 볼펜이 개발된 것은

1940년대 초반이었으나 국내에 들어온 것은 해방과 더불어 미군에 의해서였다고 알려졌다. 60년대 초반 국내생산 볼펜이 보급되면서부터 편리한 시절이 시작되었다. 필기구로써 획기적이었던 볼펜은 물속에서도 쓸 수 있다는 신비로움과 미세한 볼이 자유롭게 움직여 매끄럽게 필기할 수 있다는 장점으로 필체도 향상되는 이점을 얻은 이도 많다.

그러나 고급 필기구는 만년필이다. 만년필은 19세기 초 영국에서 처음으로 특허 등록을 했다. 그렇지만 잉크의 흐름이 불완전하여 활용하지 못하다가 1884년 미국의 보험 외판원인 워터맨(LE Water man)이 모세관 현상을 이용해 재발명한 것이 만년필의 효시가 되었다. 국내에는 1897년 일본을 통해서 워터맨 만년필이 수입되었다는 기록이 정설로 남아있다. 잉크병을 가지고 다녀야 하는 불편한 펜에 비하면 얼마나 편리한 필기구인가. 이 발명품은 잉크가 연못에서 샘솟듯 끊임없이 이어진다 해서 파운틴 펜(Fountain pen)이라는 이름이 붙여졌고 지금까지도 그렇게 불리고 있다.

만년필은 필기구 이상의 의미가 있다. 오래 사용해서 손때가 묻어 애정이 담긴 만년필은 내 분신처럼 소중하게 취급된다. 귀하게 사용하던 만년필을 혹시 그 누군가 주인 몰래 채 갔거나 분실하게 되면 내 영혼을 잃어버린 듯 허탈감에 빠지기도 한다. 전후(戰後) 어지럽던 시절에는 주머니에 있는 만년필을 몰래 뽑아가는 소매치기가 많아 이것을 찾으러 온 시내 중고시장을 헤매던 사람도 있었다. 세계 여러 나라에서 생산되는 만년필의 질과 가격은 천차만별인데 쓰는 이의 습관이나 관리 방법에 따라 수명도 질도 달라진다. 고급 만년필은 그 누가 사용하더라도 인품과 지적 수준까지도 돋보이게 하는 필기구다. 한 세대 전만 해도 결혼식 선물로 신랑에게 만년필을 선물하는 경우가 많았고 입학이나 졸업식에 빠지지 않는 축하 선물 목록 중 하나였다. 또한 가까운 친구에게나 아쉽게 이별하지 않을 수 없는 정인(情人)에게 마지막 정표로 가지고 있던 만년필을 선물로 주면 받는 이 주는 이 모두 애틋한 마음이 오래간다.

김소운의 「외투」라는 수필에 외투 대신 만년필을 선물하는 장면이 가슴을 울린다. 북만주에서 농장을 운영하다가 금전적인 문제가 있어 잠시 귀국했던 청마 유치환이 뜻을 이루지 못한 채 다시 추운 나라로 떠나가는 날 경성역에서 그를 배웅한다.

기차 떠날 시간이 가까웠다.
내 전신을 둘러보아야 청마에게 줄 건 아무것도 없고, 포켓 속에 꽂힌 만년필 한 자루가 손에 만져질 뿐이다. 내 스승에게서 물려받은 불란서제 '콩 쿠링'-요즈음, 파카니 오터맨 따위는 명함도 못 들여놓을 초고급 만년필이다. 당시 16원이라던 이 만년필은 일본 안에도 열 자루가 없다고 했다.
"만년필 가졌나?"-불쑥 묻는 말이 무슨 뜻인지도 모르고 청마는 제 주머니에서 흰 촉이 달린 싸구려 만년필을 끄집어내어 나를 준다.

그것을 받아서 내 주머니에 꽂고, 콩 쿠링을 청마 손에 쥐여 주었다.

만년필은 외투도 방한구(防寒具)도 아니련만, 그때 내 심정으로는 내가 입은 외투 한 벌을 청마에게 입혀 보낸다는 기분이었다.

김소운의 수필 「외투」 중 일부

최근에 만년필 한 자루를 선물 받았다. 이름 있는 명품으로 알려진 이 만년필을 나에게 내밀면서 그는 비싸지 않은 물건이라며 겸손하고도 수줍은 표정을 짓는다. 60대 가까이 되었을 고상한 인품의 이 남자는 내가 소속된 합창 모임을 주관하는 리더 (Leader)다. 합창단이 결성된 지는 내후년이면 40년이다. 30대에서 80대에 이르기까지의 남성으로만 구성된 전 단원 중에서 최고령에 가까운 나는 살아온 세월만큼 남은 날들이 많지 않다. 그러나 여러 단원과는 프라이버시에 저해되지 않는 수준에서 친밀한 관계를 유지하는 편이다. 한 세대 이상을 함께하는 동안 친근했던 여러 단원이 생활환경의 변화로 우리와 헤어지기도 했고 형제처럼 지내던 동료들이 그만 세상을 떠난 것을 돌아보면 인간적 슬픔으로 가슴 아플 때가 많다. 오직 합창음악이 좋다는 이유 하나로 초창기부터 합류했던 나는 음악적 기여로 인해서 보람 있는 만년을 살아가고 있다.

80여 명의 단원에게 생일 축하 엽서를 보내는 관례는 오래되었다. 그러나 생일이 그달 초순이건 말건 한 달에 한 번 무더기로 발송하는 엽서는 내용까지도 인쇄되어 천편이라도 일률적이다. 이와 같이 영혼 없는 메시지로 받는 이들을 감동시킬 수 있을까. 회의를 느끼는 단원이 나뿐만이 아니었지 싶다. 각자의 처지에 맞는 생일 축하 메시지를 손글씨로 작성하면 좋겠다는 생각을 했다. 형편과 처지를 알아 적합한 내용을 작성할 때도 있고 그 이름자를 기본으로 삼행시를 쓸 때도 있다. 그러나 한 번이라도 그 누구와 중복되는 내용은 배제하기로 원칙을 세우니 그것도 쉬운 작업은 아니다. 축하 내용을 구상하고 볼펜으로 옮겨 쓰다 보면 나 자신도 축하받을 만한 내 세상의 문이 열리는 것 같아 행복하다.

정작 나 자신은 생일축하 메시지를 받은 적이 없다는 사실을 리더가 알아냈을 것이다. 내 생일이 돌아오는 어느 날 나에게 한 장의 우편물이 도착한다. 나 역시 생후 처음으로 받아 읽는 리더의 손글씨로 적은 축하 내용이 마음을 감동케 한다. 그날 내게 전달된 또 다른 선물인 만년필은 축하엽서를 작성하기 위해서 내가 장만하려 했던 꼭 필요한 필기도구다. 생각을 읽을 줄 아는 능력이 리더답다.

감사한 이에게 선물로 드리기에 좋은 만년필. 북만주로 떠나는 청마의 손에 프랑스제 콩 쿠링을 쥐여 주던 김소운의 선물만큼 내가 받은 만년필이 나에게 따뜻한 외투가 되기를 바란다. 그리하여 모든 단원의 마음에 더 따뜻한 글을 전할 수 있으면 좋겠다. 하지만 미천한 문장력으로 인텔리 단원들의 지적 수준을 다 채울 수가 있을는지. 내 육신과 정신이 소진되기 전 그만 손에서 펜을 놓을 때가 되는 날 내 주머니 속의 파카 만년필은 뒤를 잇는 후배 청마에게 기꺼이 선사하리라. 펜촉을 길들이고 다듬어서 진정한 명품 만년필로 만들어 그에게 물려 주리라.

『수필문학 추천작가회』 2020년 30호 사화집.

모과 도둑

거실 뒤 창밖으로 천마산 올라가는 길이 보인다. 자연 경관은 즐기는 사람이 주인이니 내 집 앞뒤로 보이는 푸른 산들이 다 내 정원 안에 있는 셈이다. 자꾸만 들어서는 아파트 단지가 또 다른 숲을 이루어 가고 있어도 아직은 깨끗하고 자연의 신선함을 누릴 수 있어 점점 애착이 가는 고장이다. 단지를 나와 마을 어귀에서 산으로 향하는 오솔길로 접어들자 붉은 벽돌 건물인 천주교 성당이 나오고 이 앞을 지나면 춘천 쪽으로 가는 자동차전용 고가도로 아래로 조붓한 산길이 이어진다. 천마산의 줄기인 관음봉으로 가는 길 초입인데 인적이 드물어 운동 삼아 걷기에도 좋은 곳이다.

11월 하순의 어느 오후에 이곳을 산책했다. 바쁘게 살 때는 여기저기 갈 곳도 많았는데 모든 일에서 손을 놓고 보니 가고 싶은 곳은 없어지고 한가한 시간은 곧 지루함으로 다가왔다. 점심식사도 마친 시간이라 아무것도 준비하지 않은 빈 몸으로 집을 나섰다. 푸르던 나뭇잎들은 다 떨어졌지만 앙상한 가지마다 반짝이는 초겨울 오후의 여린 햇살이 정감 있게 보인다. 가랑잎 밟히는 소리를 들으며 산길을 걸으니 음이온 유익한 성분이 내 안으로 들어오는 것 같아 심호흡을 하면서 걷는다.

 숲길을 지나 떡갈나무가 무성한 산길을 올라가는데 퇴색되어가는 활엽수들이 무심한 바람에 흔들린다. 호젓한 산길을 혼자서 걷자니 혼자라는 자유로움이 오히려 마음속 옷깃을 여미게 한다. 혼자 있을 때의 행동이나 생각하는 것이 바로 그 사람의 진정한 품성(禀性)이라는 것을 알기 때문이다. 그런데 나 외에 아무도 없는 줄 알았던 산길을 동행하는 또 다른 내가 있다. 이만큼 살아오면서 아직도 버리지 못한 물욕이라는 회색빛 그림자인데 그는 나보다 몇 걸음 앞서 걸어가고 있다.

 주변을 무심히 돌아보는데 암갈색 새 한 마리가 앉았던 나뭇가지를 박차고 오른다. 그 푸르고 무성하던 나뭇잎들은 자신을 키워준 뿌리로 되돌아가려 모두 땅에 떨어졌고 잡목 숲 속으로 초겨울 바람이 차다. 인적이 뜸한 곳인 데다가 쌓여있는 낙엽들로 정상으로 오르는 길이 분명치가 않다. 길을 찾느라 잠시 멈추어 선 풀숲에 얼핏 탐스럽게 여문 황금색 열매가 보인다. 갈색 풀잎 사이로 잘 익은 모과 열매가 금빛으로 빛나고 있는 것이다. 어린아이 머리통만 한 것들이 있고 그보다 작은 것도 보인다. 겉껍질이 아직도 반짝거리는 것이 낙과 된 지 얼마 안 된 것 같다. 한 개를 들어 보니 진한 향기가 코끝을 스친다. 나와 동행하며 앞서가던 또 다른 내 욕심이 급작스럽게 고개를 쳐든다. 갑자기 마음이 바빠진다. 한 손아귀에 들어오지 않을 만큼 실한 이것들을 주워 담을 만한 채비가 없어 망설이다가 일단 집어 들었던 것까지도 내려놓고 다음을 기약하기에 이르렀다.

산으로 더 오를까 하는 생각은 그만 포기했다. 수십 개가 넘을 만큼 널려있는 많은 모과들을 담아갈 큰 배낭이라도 메고 와서 가져가야겠다는 속셈으로 발길을 돌렸다. 이 오후 시간에 나 외에 누가 이곳을 지나랴. 집으로 내려오는 길 역시 한가했다. 사람들의 모습은 아무 데서도 보이지 않는다. 그 산 풀숲 속에 잘 익은 모과가 지천으로 떨어져 있다는 사실은 아무도 모른다. 다만 나 혼자만 알고 있기 때문에 언제 가더라도 그것은 내 것이다.

못생긴 과일이라는 말은 편견일 뿐, 보기 좋은 외모에 향기도 일품인 모과는 차를 만들어 마시면 겨울철 감기에 효과가 있다고 한다. 대추와 꿀을 넣어 우려내면 방향제 역할뿐 아니라 피로회복에도 도움이 된다고도 한다. 횡재한 기분으로 발걸음을 재촉해서 집으로 내려왔다.

아내에게 자초지종을 말하니 나보다 더 좋아한다. 모과에 소주를 부어 숙성시키면 노화예방에도 좋은 약이 된다면서 금방 술을 만들어 마셔서 젊어지기라도 한 것처럼 흐뭇해한다. 한두 개가 아니고 수십 개가 넘을 모과밭을 발견했으니 남모르는 금맥이라도 찾아낸 것처럼 가슴이 설렌다. 성숙하지 못한 인격은 물욕 앞에서 여지없이 그 유치한 몰골을 드러내는 것인데 내가 바로 그 꼴이 되었다. 나약한 인간 중에서도 원숙하지 못한 나는 하찮은 모과 몇 덩어리에 이렇듯 기쁜 마음을 감추지 못한다. 그래 봐야 한낱 모과 열매에 불과할 뿐인데.

배낭을 메고 다시 오르려 하니 초겨울의 짧은 오후가 서쪽 하늘 부근을 붉게 물들인다. 모과도 중요하지만 늦은 오후에 외진 산기슭을 오른다는 것이 그리 달가운 기분이 들지 않는다. 어쩔까 망설이다가 모과 줍기는 내일 아침으로 미루고 뭔가 불안하지만 편안한 시간을 보내기로 한다.

이튿날 아침을 먹고 햇살이 퍼진 뒤에야 빈 배낭을 메고 신발 끈을 조이게 되었다. 단지를 빠져나가자 금방 산으로 가는 오솔길에 접어들었다. 부지런한 두세 명의 등산객들은 벌써 산으로 오르는 길을 역으로 내려오고 있다. 그런데 모과가 떨어진 곳이 가까워질수록 마음은 무언지 모를 이유로 불안해지기 시작했다. 혹여 다른 사람들이 먼저 주워 갔을는지도 모른다는 생각은 차라리 마음을 편케 한다. 산길을 접어들면서 한 가지 생각에 빠지게 된 것인데 이 산중에 그렇게 많은 수량의 모과가 농익어 떨어져 있다는 것은 누군가 소득을 위해 재배한 농작물이 아닌가 하는 판단이 드는 것이었다. 과연 자연산 모과나무가 그리 흔하게 자생하고 있을까 하는 의문이 들기도 했다. 그렇다면 지금 나는 엄연하게 주인이 있는 농작물을 훔치러 가고 있는 것이 아닌가.

　발걸음은 이미 모과가 지천으로 떨어진 곳에 다다랐다. 그런데 이게 웬일일까, 그 많던 황금색 모과는 다 없어지고 보이는 것은 퇴색한 빈 풀밭뿐이다. 주변을 다 돌아봤는데 아무 곳에도 모과는 없었다. 어제 늦은 오후부터 오늘 아침까지의 시간에 누군가가 모두 주워간 것이 확실하다. 정말로 주인이 따로 있어 오늘 아침 이른 시간에 수확해 간 것일까. 그것도 아니라면 그 많던 모과는 꿈속에서 본 내 환영(幻影)이었을는지도 모른다.

　부지런하고 영악한 어떤 등산객이 있어 일찍 이 길을 지나다가 주워 갔을까. 조금 전에 마주친 두세 명의 하산객들이 모과 주인이었을까. 아니면 누군가 나처럼 무심코 발견한 모과를 배낭 가득히 담아 갔을는지도 모른다 생각하니 내 안일함이 부끄럽기도 하다.

　허탈했으나 그것은 잠깐이고 평안한 고요가 밀려드는 것은 다행이었다. 모과는 잃었지만 노력이나 투자 없는 이득을 취하려 했던 한순간 개운치 않던 양심이 편안해진다. 어쩌면 모과 도둑이 될 수도 있었던 위태로운 순간이 온전하게 넘어간 것에 대한 감사한 마음이 밀려오는 것이었다.

2010. 11.

어떤 결혼식

 서울 강남 어떤 예식장에서 친한 지기의 아들 결혼식이 있었다.
 새신랑 녀석이 어려서부터 자라온 과정을 다 아는 나로서는 내 자식은 아니나 대견스럽기도 하고 꽃미남의 젊은 모습이 보기에 참 아름다웠다.
 화촉이 밝혀지고 결혼식은 진행되어 신랑 신부의 부모님께 감사의 인사를 드리는 순서. 신랑 부모의 자리에는 내 오랜 지기 부부가 앉아있는데 신부 부모님의 자리는 한쪽이 비었다. 중노년의 아버지 한 분뿐.
 그 옆에 당연히 함께 있어야 할 어머니의 자리가 비었다.
 먼저 신부의 아버지를 향해서 신랑 녀석이 넙죽 큰절을 한다.
 신부는 다소곳하게 반쯤 허리 굽혀 절을 한다.
 분위기 있는 클래식 음악이 잔잔하게 흐르는데 하객들은

박수로 축하해 준다.

그런데 이때 말끔한 신사복을 단정하게 입은 반백의 신부 아버지가 손수건을 꺼낸다.

그리고 주름진 눈가를 닦는다.

숙연해지는 실내, 더욱 애조를 띤 관현악.

물론 이때의 연주음은 축하의 즐거운 음악이었겠지만 분위기 있는 음악이라 좀 슬프게 들리나 보다.

절을 하고 허리를 편 신부는 순간 아버지의 품에 안겨 어깨를 들먹인다. 보고 있던 하객 모두가 웅성거리며 동정의 혀를 찬다. 축하하러 간 나도 콧날이 시큰 눈앞이 흐릿해진다.

뒷좌석 여인 누군가 귓속말로 속삭인다.

"부인이 지난달에 사고를 당했다네… 부부가 너무 사랑했다는데…"

"딱하다…"

뒷자리에서 쯧쯧 혀 차는 소리가 들렸다.

메아리 같은

 딸아이가 손자 녀석을 데리고 동네 마트에 갔다. 빽빽이 들어찬 자동차 사이로 주차를 시키고 조심스럽게 문을 열고 내렸다. 그런데 차 안에 있던 아이가 문을 벌컥 밀어 옆에 있던 고급 승용차의 문 부분에 충격이 가해졌다. 확인하니 검은색 문에 우리 차의 흰색 페인트가 묻었고 찍힌 자국이 눈에 보일 만큼 남아있었다. 그냥 모른 척하기에는 양심이 허락지 않아 메모장에 연락 전화번호를 써 놓고 왔다면서 걱정스러운 표정을 짓는다.
 자동차 주인이 까다로운 성격이라면 문제 삼아 변상을 요구할 것이다. 그와 반대로 마음이 너그럽거나 남을 배려하는 일에 인색하지 않은 성격이라면 별것 아니라며 부드러운 수건으로 문질러 버리고 신경 쓰지 않을 것이다. 그러나 그 정도의 고급 승용차라면 우리 차 두 대 값에 맞먹는 고가이니 재산 가치로 계산해서라도 쉽게 넘어가지는 않을 수도 있다며 제 어미와 걱정스러운 의견이 분분하다. 터무니없이 큰돈을 변상하라면 보험으로 해결하자는 결론을 내렸지만 듣고 있던 나도 마음이 편치가 않다. 그냥 현장을 떠나올 것을 공연히 긁어서 부스럼을 만든 격이 아니냐는 의견도 있었지만 엄밀하게 말하자면 알고도 모른 척한다는 것은 뺑소니 범죄에서 벗어날 수가 없는 사실이기에 결국은 잘한 일이라고 생각을 고쳤다.

저녁 시간에 누군가 알 수 없는 번호로 전화를 걸어왔다. 역시 차량 긁힘의 사고를 이야기하면서 좀 만나자고 한단다. 목소리만 듣고서야 확실하게 알 수는 없지만 나직하고도 감정이 격하지 않은 남자의 톤으로 보아 그리 크게 문제 삼을 것 같지는 않다고 한다. 사건의 당사자인 세 살짜리 아들을 데리고 그를 만나러 나가는 딸에게 "큰소리가 나오거든 순순히 인정하고 변상하라"고 일러 보냈다. 아이들이 나가고 난 뒤에 나와 아내는 궁금한 마음이 여간 아니다. 원만하게 해결되기를 기대하면서 초조한 시간을 보내고 있었다.

지난 4월 어느 비 오는 토요일 오후였다. 우산을 쓰고 역삼역 인근 이면도로를 천천히 걷고 있는데 느닷없이 RV 승용차 한 대가 나를 밀어 넘어지게 했다. 차는 급히 멈추었어도 빗물이 고여 있는 아스팔트 위에 뒤로 넘어지고 보니 등짝과 바지 뒷부분이 삽시간에 물에 젖었다. 내가 늙어 근력이 없어져서인지 아니면 자동차에 의한 충격이란 의외로 큰 것이라서인지 일어나기조차 쉽지 않았다. 주변의 행인들이 순식간에 모여들어 나를 일으켜 주면서 옷매무새를 고쳐 주기도 하고 옷에 묻은 빗물도 털어 준다. 저만큼 동댕이쳐진 가방을 들어다 주기도 하는 일련의 모습들이 고맙게 느껴진다.

　운전자는 중년의 여인이다. 차에서 얼른 내리지도 못하고 당황해하는 표정이 역력하다. 한참만에야 내린 그녀는 죄송하다며 백배사죄를 한다. 나는 몸을 여러 각도로 굽혀보기도 하고 팔다리를 움직여 보아도 어디 한 군데 통증이 느껴지지 않는 것으로 보아 큰 충격은 받지 않은 것 같다. 주변의 사람들은 웬만하면 병원으로 옮겨서 확실한 진단을 받는 것이 좋지 않겠느냐고 한다. 운전한 여인도 모여 든 사람들처럼 일단 병원으로 가자고 한다. 그러나 나는 아무런 이상이 없는데 병원까지 갈 것이 무엇 있겠나 싶어 잠시 망설였다.

　비는 계속 내리고 있었다. 내가 넘어지는 바람에 들고 있던 우산은 뒤집어져 못 쓰게 되었다. 우선 비를 피하기 위해서라도 나는 그녀의 자동차 안으로 들어갔다. 큰 구경거리라도 생긴 것으로 알고 모여들었던 사람들도 별것 아닌 것이라고 판단되어서인지 하나둘 제 갈 길을 가고 운전자와 나만 남았다. 그녀는 수십 년 무사고로 지냈는데 오늘은 황당한 일을 당한 끝이라 정신이 없어 실수를 했노라며 극구 자기변명을 늘어놓는다. 내가 합의금 조의 많은 배상을 요구하거나 해결 방법을 민형사상의 골치 아픈 쪽으로 몰고 가면 어쩌나 걱정하는 눈치가 빤히 보인다. 마침 그날이 토요일이니 일요일 하루 쉬면서 경과를 본 뒤에 병원치료를 결정하자고 말한 뒤 그녀와 헤어져 집으로 왔다.

　집에 돌아온 후에 아내에게도 그 일에 대해서는 말하지 않았다. 가족이나 주변의 그 누구에게라도 함구한 것은 혹 내가 생각하지 못했거나 바르지 않은 어떤 다른 방법의 해결책을 권유할 수도 있겠다 싶은 마음에서였다. 또한 교통사고라는 사회적 트라우마로 인한 걱정을 떨치지 못할 가족들을 염두에 두었기 때문이기도 했다. 하룻밤을 지내고 나니 넘어질 때의 충격으로 엉치뼈가 약간 저릿저릿한 것 외에 다른 곳은 아무렇지도 않다. 병원에 갈 정도는 아닌 것 같아 그냥 참기로 했는데 그 외에 별다른 증상이 없는 것이 나에게는 물론 사고를 저지른 가해자에게도 퍽 다행스러운 일이다.

　월요일 오전 시간에 나는 가해 여성에게 전화를 걸었다. 이틀간 지나 보았어도 아무런 이상이 없으니 병원에 갈 필요는 없을 것 같다며 안심시켰다. 그녀는 몇 번이나 미안하고 감사하다는 말을 되풀이하면서 내게 은행 계좌번호를 알려 달라고 한다. 연만하신 어른을 빗길에 넘어트리는 사고를 저질렀으니 다만 얼마라도 위로금 조의 성의를 표하는 것이 예의라는 것이다. 한두 번 사양했으나 그렇게 하는 것이 마음이 편하다는 그녀의 말에 동의했다. 만약 내가 가해

자였어도 그런 방법으로라도 미안하고 고마운 마음을 전했을 것 같다. 큰일을 해결한 것처럼 마음이 개운하다.

낯선 남자의 전화를 받고 나갔던 딸아이가 한 시간쯤 뒤에 귀가했다. 우리는 궁금한 마음으로 결과를 물었다. 대답하는 딸아이의 표정이 밝다. "그냥 지나쳐도 될 일인데 연락처를 기입한 분이 누구신가 궁금해서 뵙고 싶었어요."라는 사내의 표정은 오히려 즐거워 보이더라는 것이었다. 그는 세 살짜리 손자 아이의 작은 손에 만 원짜리 지폐 한 장을 들려주고 "자동차 찍힘 부분은 괜찮으니 염려 말라"면서 찻값까지 지불하고 돌아갔다는 것이다.

인생사는 메아리 같아서 내가 베푼 만큼 되돌려 받는다는 사실을 나는 믿는다. "사람이 무엇으로 심든지 그대로 거두리라." 이와 같은 교훈은 성경에만 기록되어 있는 것은 아니다. 인생을 살다보면 누가 알려주지 않아도 저절로 알게 되고 경험으로 깨닫게 마련이다. 우리는 아들딸 사위까지 운전을 하며 나 역시 가끔씩 운전대를 잡는다. 그런데 자신이 조심운전을 한다 해도 크고 작은 사고는 늘 우리 주변에 도사리고 있다는 것을 안다. 모처럼 심성과 정서가 아름다운 인격체를 만난 것으로 그날 이후 오랫동안 흐뭇한 기분 속에 지냈다.

2016. 7.

부족한 자화상

젊은 시절부터 사진 찍기를 좋아했다. 좀 더 발전시켰다면 오늘과 같이 취미생활에 머물지는 않았을 것이라는 생각을 한 적이 있다. 노년에 이르러 자유로운 시간을 누리게 되어 복지관에 등록을 하고 무엇인가 참여할 과목을 찾기로 했다. 많은 프로그램 중 남은 인생길에 기쁨이 될 만한 것은 과연 무엇일까. 인문학 계통의 강좌가 몇 가지 있다. 그중에서 '사진 촬영 및 기능의 이해'라는 과목을 선택하게 되었다. 영상예술에 대한 부족한 이론과 실기에 도움이 될 것 같았다.

젊은 시절부터 비교적 고급 사진기는 늘 가지고 있어 자라나는 아이들 모습을 찍어 남긴 것이 많다. 그런데 정작 내 사진은 별로 없다. 가끔은 신분증이나 문예지 프로필용 사진이 요구되는 경우가 있었지만 그럴 때마다 가까운 이와 단체로 찍은 사진 중 용도에 적당한 내 모습만 트리밍

(Trimming) 하여 사용한 적도 있었다.

내 자화상을 사진으로 만들자니 부끄러운 마음이 앞선다. 어떤 일의 중심이 되거나 나를 드러내는 데 익숙하지 않은 옹졸함 때문이다. 그러나 좀 더 솔직하게 고백하자면 내 인물에 대한 나 자신의 호감도(好感度)가 높지 않다는 이유가 작용했기 때문일 것이다.

나 본인의 외모가 남에게 혐오감이나 불쾌감을 줄 정도는 아니다. 다만 이목구비의 구성이 너무나 평범하거나 좀 빠지는 편이라 균형 잡힌 배열로 세련된 모습이었으면 좋았을 것이라고 생각하며 살아왔다. 하지만 이러한 외모를 가지고 인생의 황혼기까지 왔는데 아직도 인물에 대한 시비를 한들 어쩔 것인가. 그냥 나의 나 된 특성으로 알고 자유롭게 사는 것이 나 자신을 편하게 대우하는 것이라는 것을 안다. 이러한 이유로 나의 자화상을 만드는 일에는 소홀했다는 것을 인정한다.

그런데 인생의 노년기에 이르러 자화상을 찍어야 할 일이 생겼다. 이번의 셀프 촬영은 수강하고 있는 사진반에서 요구하는 하나의 미션인 관계로 피하거나 사양하는 것은 용납이 안 된다. 일요일 오후 아파트 뒤편 작은 숲, 통행하는 이가 뜸한 곳에 삼각대를 설치하고 DSLR 카메라를 준비했다. 혼자서 찍는 셀프 사진의 어려움은 정확한 핀트 맞추기인데 인물사진 촬영에 있어서 가장 중요한 요건도 정확한 거리 맞추기가 아닌가.

비교적 뒷배경이 고르고 단순한 숲을 찾아 거리를 가늠하고 자동셔터를 작동시킨다. 거리를 다시 확인하는데 눈이 어두워 정확하게 보이지 않는다. 셔터를 누르고 급한 걸음으로 카메라 앞에 가서 렌즈를 응시하는 내 모습을 혹 아파트 창문을 통해 주시하는 이가 있었다면 노년의 행동이 우습기도 하고 왜 저럴까 의아해하기도 했을 것이다. 이러한 방법으로 십수 회를 반복하고 한 컷이라도 성공한 장면이 있다면 그것을 사용하기로 했지만 내 컴퓨터에 넣고 확인한 결과는 한 장면도 사용할 만한 영상이 없다. 실패했다.

사진 강의를 맡으신 교수께서 이러한 어려움을 간파하고 다른 방법으로 미션을 바꾼다. 회원 각자는 상대방의 초상을 촬영해 주는 형식이다. 그런데 이는 젊어서 한 가락씩 했을 소위 훈남으로 호칭되는 미남 미녀 회원들 사이에 속해있는 내게는 정말로 곤혹스러운 방식이 아닐 수 없다. 나는 나일 뿐인데 좋은 인물에 비교됨으로 상대성으로 전락할 수밖에 없게 되었다.

연전에 가깝게 지내는 선배 친지들의 영정으로 쓸 인생사진을 촬영해 준 적이 있었다. 그들의 초상을 카메라에 담던 날 조금이라도 젊은 모습을 남기기 위해서 나도 앉아 한 컷 찍힌 모습을 저장해 둔 파일이 있었다. 부족한 자화상이나 혹시나 하는 마음으로 삭제하지 않고 간직하고 있다. 이것을 미션에 대한 과제물로 사용하기로 했다.

긍정적으로 본다면 내 인물에 감사한 것들도 있다. 세상은 좋은 인물의 소유자들에게만 유리하게 작용되는 것은 아니다. 따라서 다소 처지거나 모자라는 외모를 가지고도 세상을 위한 봉사와 헌신을 함으로 얼마든지 좋은 대우와 인격적 존경을 받으며 살아갈 수가 있는 것은 감사한 일이다.

나는 세상이 정해놓고 지켜야 할 범주를 벗어난 행동을 한 적은 별로 없다. 운전 중이나 보행시에 교통법규를 살짝 위반한 것 외에 사회적 도덕성을 지켜 온유하고 겸손한 마음을 갖기에 힘쓰며 여기까지 왔다. 이웃의 경사에 함께 기뻐했고 안타까운 일에 대하여는 아픔에 동참하는 마음을 잃지 않으려 노력한다. 다소 부족한 외모일지라도 사람들에게 인정받고 사랑과 우정을 공유하며 살기를 원한다. 좋은 외모를 가지고도 나쁜 심성으로 살아가는 사람들에게 나는 "인물이 아깝다"는 혼잣말을 자주 하는 편이다. 좋은 인물로 태어난다는 것이 사회생활 하는데 얼마나 큰 복인지 안다면 그렇게 살지는 않을 것이다.

"당신은 부족한 인물에 비해서 인상은 나쁘지 않아 사회생활 하는데 오히려 좋은 조건일 수가 있어요."

나의 인물에 대해서 자유롭게 말할 수 있는 아내의 평에 위로받는다.

2022. 9.

아빠는 3급

　다른 나라에 살고 있는 딸네 가족이 모두 왔다. 코로나로 인해서 3년도 넘게 국내에 들어오지 못하다가 역병의 전파력이 약화되자 겨울방학이 시작되었고 이내 한국행을 서두른 것이다. 해외에 오래 머물다 모처럼 만난 가족들과 동해안 여행을 계획하고 강릉 어떤 리조트를 예약한 날이다. 지금쯤 떠나야 할 시간인데 전국적으로 눈이 내리고 있어 마음이 산란하다. 중장년 시절 눈길 교통사고로 인한 트라우마가 있어 자꾸만 망설여지기 때문이다.
　집안에 어른이라고는 나뿐이다. 결정은 내가 하고 책임을 져야 할 일이 있다면 그것 역시 내가 져야 한다. 이 불안한 마음으로 자동차 여행을 해야 할 것인지 아니면 지금이라도 취소하고 집에 앉아 맛있는 별식이라도 해 먹으면서 창밖에 쌓이는 눈이나 감상하는 것이 나을지. 아들은 인터넷으로 고속도로의 교통상황을 검색하고 있는데 제설작업이 진행되어 소통하기에 아무런 지장이 없다며 출발하기를 은근히 바라고 있다. 동해안으로 가는 양양고속도로를 살펴보니 동쪽으로 갈수록 길은 오히려 검은색으로 변해 아무렇지도 않게 통행하는 영상이 눈에 보인다. 그런데도 우리 집 창밖으로는 계속해서 눈이 내려 쌓이고 있다.

전국적으로 대설이 예보되었어도 곳곳마다 상황은 다르니 기상청 예보도 완전 믿을 수는 없나 보다. 안전하게 집에 머물 것인가 아니면 다소 불안하더라도 길을 나설 것인가. 어느 곳이나 민주사회에서 대개의 선택은 자유롭게 이루어지지만 어려운 것 중 하나가 선택하고 결정하는 자유다. 오늘을 기다린 아이들에게는 안됐지만 다음에 좋은 기회에 다시 가기로 하자고 포기 선언을 했다. 손자 아이들의 실망이 여간 아니다.

떠나기를 취소했어도 시선은 쉬지 않고 창밖을 향한다. 어떤 때는 눈보라가 휘몰아치다가 또 잠깐 사이에 산발적으로 약한 눈발을 날리고 있는 날씨를 하늘에서 주관하고 조정하겠지만 한번 따져 물어보고 싶다. "어떻게 할 작정이시오? 눈을 그치게 하든가 더 많이 내려서 포기하게 하든가 확실하게 해 주시오." 하늘에서 내 말을 듣는다면 대자연의 섭리에 대한 불만을 들어 괘씸죄나 신성을 모독한 죄로 엄하게 다스릴 것이다.

계속해서 인터넷 일기예보를 확인하던 아들이 스마트폰의 화면을 내게 보여준다. 경춘고속도로 화도 IC에서부터

영상이 발표되는 현장 사진은 안전하다는 확신을 갖게 한다. 영서지방에 이르는 도로가 하얀 백설로 덮여 있을 줄 알았는데 점점 검은색으로 변하고 있다. 그만큼 눈이 쌓이도록 내리지 않았거나 내렸다 하더라도 이미 치운 관계로 그리 위험한 상황은 아닌 것 같다.

아파트 밖으로 나가 실제 눈을 맞으면서 다시 한번 생각하기로 했다. 주차장에 내린 눈은 쌓이기도 하지만 자동차 왕래가 빈번한 곳은 녹아 있거나 점차 녹아들고 있다. 그런데 이것은 눈이 멈추기를 바라는 염원이 간절하기에 일으키는 착시현상인지도 모른다. 내가 밖에 나와 오래 지체하니까 손자 녀석들은 출발하는 줄 알고 짐을 메고 내려온다. 아내나 아이 어멈까지도 출발하는 것으로 알고 주차장까지 나와서 자동차 오기만을 기다리고 있다. 나는 아직도 세상 살아가는 일에 미숙할 뿐인데 그럼에도 불구하고 이 가정에서는 가장 연장자이며 족장(族長)이기도 하니 과감한 결정도 필요하다. 그래 떠나자. 우리와 함께하시는 하나님께서 지켜 주실 것이다. 아이들이 모두 내려와 두 대의 자동차에 타고 앉아 떠나기를 기다린다. 나 역시 차를 타고 앉았다. 이렇게 결정하고 담대한 마음으로 출발했는데 '아빠는 3급'이라는 명예롭지 못한 별명을 얻게 되었다.

춘천 가는 자동차 전용도로에 들어섰다. 이제는 되돌아갈 수가 없는 지점에 이른다. 나 자신에게 최면을 걸듯 말한다. 그래 영동 쪽 운행이 위험한 이유는 고갯길 넘는 것이다. 그런데 지금은 대관령과 한계령은 이미 터널화 되어 오히려 더 안전한 주행도로가 아니던가. 눈 내리는 경춘고속도로를 조심조심 달려 잦은 폭설로 유명한 지점 둔내 터널도 지났다. 양양 가는 도로가 폭설로 차량 왕래가 두절된 것으로 예상했는데 아스팔트가 보송보송 말라 있고 하늘마저 청명해진다. 제동 거리 확보할 것도 없이 다른 차를 견제할 것도 없이 고속으로 달려도 아무런 위험 요소가 없다. 영서지방을 지나 한계령을 터널로 지났다.

 강릉에 도착했을 때는 푸른 하늘에 맑은 태양까지 우리들을 반긴다. 폭설로 인한 설해를 얼마나 걱정했던가. 바닷바람은 매워도 예약했던 리조트, 쾌적하고 넓은 두 개의 침실, 따듯한 거실과 주방 그리고 화장실 둘. 무엇 하나 부족함 없는 조건으로 이틀간을 참 편안하게 지냈다. 눈으로 인한 피해가 한낱 기우로 끝나고 편하게 쉬면서 아내가 나에게 붙여준 별명을 때때로 곱씹어 본다.

 실은 출발하기 전에 나는 날씨를 실감하기 위해서 주차장으로 잠깐 나왔던 것이 아닌가. 잠시 뒤 조바심을 내던 아이들이 따라 내려왔고 나 역시 순간적으로 결정하고 출발을 서둘렀던 것이다. 그런데 중대한 내 실수는 바로 이때 벌어졌다. 준비물을 담아 놓은 배낭을 그대로 집에 두고 출발한 것이다. 되돌아 나갈 수 없는 자동차 전용도로에 들어서자 깨달았지만 U턴할 수 있는 길이 아니라 목적지까지 직진하게 된 것이다. 이 내용을 알게 된 아내는 "아빠는 3

급 수준이니 어쩌면 좋으냐?"라며 깔깔 웃는다. 딸들도 따라 웃고 나는 어이없는 실수에 허탈감마저 들었다.

우리는 복지법인과 연관이 있는 가정이다. 따라서 지적장애의 급수와 정도를 이해하는 데는 익숙한 편이다. 지적장애 3급이라면 만 6세부터 8세까지의 지능지수인 IQ 50~69에 해당함을 말하며 간단한 심부름이나 단순작업 등을 할 수 있는 수준을 말한다. 여행을 떠나기 위해서 준비한 잠옷 외에 세면도구와 간단한 소지품 등을 두고 몸만 떠나온 꼴이 되었으니 지적(知的) 장애 3급이라는 판정을 받을 만하다며 나 역시 웃고 말았다.

그런데 내가 비록 3급이라 해도 잊어서는 안 될 것이 있다. 아내는 가끔 식사 시간을 놓쳐 시장기를 느끼게 되면 저혈당으로 온몸에 기운이 빠져 걷는 것조차 힘들어할 때가 있다. 가지고 있는 당분이나 간단한 먹거리로 일단은 해결하지만 여의치 않은 경우 위독한 지경에까지도 이를 수 있다. 내가 차를 운전하고 먼 데를 함께 갈 때 발생한 적이 많다. 무심하게 운전만 하다가 결국 아내의 도움 요청을 받고서야 알게 된다. 이것은 아내를 생각하는 세심한 마음이 3급 수준을 벗어나기 힘든 탓이다. 다른 것에는 깜빡깜빡하더라도 아내의 떨어지는 혈당에 대하여는 결코 3급에 머물러서는 안 된다는 각오를 다지며 살아간다.

2023. 1.

사돈의 눈물

사돈 내외가 우리 집을 방문했다. 그분들은 스포츠를 즐기는 편이라 국내외 유명 마라톤 대회에서 풀코스를 여러 번 완주한 경력을 가지고 있다. 또한 자전거 여행으로 세계의 곳곳을 섭렵하며 사는 즐거운 인생들이다. 근래는 한국의 백대 명산을 순회 등산 중이라 우리가 사는 고장 인근 천마산 등산을 마치고 귀가 중에 전화를 했다는데 통화가 이루어지지 않은 적이 있다. 그와 같은 내용을 알게 된 우리도 아쉬운 마음이 여간 아니었다.

완연한 봄이다. 근처의 맛집에서 갈비탕으로 식사를 마치고 인근의 수동 계곡으로 향했다. 햇살 밝은 계곡의 신선한 경치와 봄바람을 쏘이는 기분은 사돈 내외를 대하는 조심성을 잊게 할 만큼 상쾌하다.

인적이 뜸한 숲길에 허름한 듯 고풍이 느껴지는 찻집에 들렀다. 우리 넷 외에 아무도 없는 카페에 앉아 이런저런 환담의 시간을 즐겼는데 손자들의 성장에 관한 화제가 주로 이어졌다. 사춘기를 보내고 있는 첫째 손자인 윤우에 대한 조심스러운 이야기를 했지만 아이에 대한 나의 믿음은 긍정적이다. 친가 측인 그들의 인간미 깊은 성정과 훈훈한 가풍을 알고 있는 데다가 성장기에 한 번도 부모의 마음에 걱정을 주지 않던 내 딸의 심성을 본받았다면 아무 걱정하지 않아도 좋을 것이라는 내 의견을 말했다.

  윤우는 어렸을 때 우리와 함께 생활한 적이 있다. 초로의 인생을 살아가던 그 무렵 우리는 뜻하지 않은 행복한 시절을 보냈다. 아내에게는 쉽지 않은 육아의 과정이었겠지만 탈 없이 성장하는 모습과 하루가 다르게 지능이 발달하던 그때를 돌아보면 지금은 즐거운 기억으로만 남아있다. 그런데 두세 살 무렵 윤우는 감성을 자극받는 경우에 자주 울었다. 달 밝은 가을밤 하늘을 보면서 엄마를 찾으며 울었고 할머니가 자장가 삼아 불러주던 「섬집 아기」라는 동요를 들으면서도 눈물을 지었다.

  윤우의 여린 감성이 혹 외조부인 나를 닮은 것이 아닐까. 나도 조금만 감동스러운 일을 대하면 눈물이 난다. 어떤 때는 TV 아침 방송을 시청하다가도 눈시울을 적실 때가 있다. 그러나 아내에게조차 민망한 마음이 들어 내보이지는 않는다. 그것은 나 개인의 내면세계이므로 펼쳐 보이는 게 부끄럽다. 우리가 지나온 시대는 여린 감성으로도 성실이라는 키워드 하나만 가지고도 용케 살아낼 수 있었다. 그러나 더욱 치열해질 미래의 세계에서 눈물 많은 인성으로도 희망하는 것을 이루며 무난히 살아갈 수 있을까 하는 걱정도 된다.

햇살은 밝고 온화하다. 길가 나무들은 연둣빛 잎을 피어내고 양지바른 산언덕에 분홍빛 진달래가 봄바람에 나부낀다. 지금은 만개했으나 이내 져 버릴 목련꽃을 아쉬운 마음으로 바라보면서 계곡을 뒤로했다. 가까운 친구 부부와의 사이처럼 아무런 거리낌 없는 일상적 이야기를 주고받으며 시간을 보냈다. 우리 집으로 자리를 옮긴 뒤에는 향 좋은 녹차에 물을 부으면서 오후의 시간을 가졌다.

사돈은 충남 서천이 고향이다. 선친께서는 지역 유력자로서 양조업을 운영했던 관계로 경제적으로 부유한 어린 시절을 보냈다. 또한 윤택한 가정에서 충분한 사랑을 받으며 형성된 인성답게 생각하고 말하며 행동하는 것에 조금도 꾸밈이나 가식이 없다. 순한 햇살이 거실 창밖으로 보이는 백봉산 봉우리에 푸르스름한 이내를 이룬다. 고향집 언덕에 피어나던 무성한 백목련 이야기며 유년 시절 행복했던 기억을 말하며 사돈은 지난날을 그리워하는 표정이 역력하다. 이때 그의 핸드폰 톡 기능의 신호음이 우리들 틈으로 들어왔다.

사돈이 나를 보며 "수필작가의 감성으로 이 글 한번 읽어 주시죠." 하면서 스마트폰을 내게 펼쳐 보인다. 그의 표정으로 보아 혼자 느끼기 아까운 감동을 함께 공유하고자 하는 것 같다. 내용은 80대 중반의 연세를 살고 계시는 연로하신 누님이 막내 동생인 사돈에게 보낸 톡인데 고목이 다되었음 직한 목련나무에 하얀색 꽃이 활짝 핀 사진이 먼저 눈에 보인다. 누님은 오늘 고향집에 다니러 갔다가 즉석에서 글을 쓰고 사진을 찍어 여러 형제들에게 보낸 것이다.

제목은 「목련꽃을 회상함」이다. "우리 양조장 언덕 위, 흐드러지게 만발한 목련 한 그루 다들 기억하지? 봄이면 소곡주 향기와 함께 꽃 잔치 벌이신 아버지. 고추 상추 언덕배기 채전 드나들던 우리 어머니. 중략… 한여름 모깃불 연기 속에 평상에 모여 수박 먹으며 별을 헤던 그 시절. 웃음소리 끊이지 않던 그곳 너는(목련나무) 알리라." 여기까지 읽는데 콧날이 시큰 목이 멘다.

한국 전쟁이 끝나고 피난지에서 돌아온 우리 가족들에게는 당장 먹고살아야 할 일이 난감한 처지에 놓이게 되었다. 아무 곳에도 수입 거리는 없고 수입 거리를 구하고자 하는 이들은 거리에 차고 넘치던 그 가난하던 시절, 내 부모님이 자식들의 호구를 위해서 애쓰시던 모습이 아련하게 떠오른다. 그 시절 우리의 엄마 아버지들은 어찌 견디어 냈을까. 회상 속인 데도 어머니의 눈가에 맺힌 눈물이 보이는 것 같다.

봄마다 꽃 잔치 벌여주셨다는 자상하신 아버지. 채소밭 오르내리시며 자식들을 위한 사랑의 먹거리를 준비하셨을 어머니, 상상하니 사돈의 추억 속에 나도 있는 것 같다. 이미 오래전에 돌아가신 부모님에 대한 그리움과 이제는 유명을 달리한 몇몇 형제들과 흘러간 세월과 세월 속에 묻혀버린 수많은 추억이 되살아나 사돈의 마음속으로 찾아왔을 것이다.

 목이 메어 이어 읽지 못하는데 사돈은 솟구치는 그리움을 더 이상 참지 못하고 울음을 터뜨린다. 함께 듣고 있던 안사돈 역시 눈시울을 적시며 남편의 등을 가볍게 토닥거리며 위로한다. 뜻밖의 일이며 예상하지 못했던 상황을 보며 우리는 놀라기보다는 사돈의 추억 속에 함께 젖어 들고 말았다. 사돈은 막내로 태어나 가족들의 사랑을 충분하게 받으며 성장했다니 그 행복한 기억이 얼마나 많으랴. 목련나무 아래 봄꽃 속에서 웃음소리 끊이지 않던 장면은 상상만 해도 돌아가고 싶은 성장기의 추억이 아닌가.

 '눈물은 신이 인간에게 선물한 치유의 물이다.'라며 영국의 헨리 모슬리라는 정신과 전문의가 정의했다. 또한 눈물을 흘리면 뇌와 근육에 산소 공급이 증가되고 혈압이 일시적으로 낮아져 심장병 위험이 절반으로 줄어든다는 보도를 읽은 적이 있다. 눈물 많은 윤우의 여린 감성은 친할아버지의 유전인자를 물려받은 것이 확실하다. 소중하게 키운 외손자가 나의 인자를 닮지 않은 것은 지극히 자연스러운 현상이라며 스스로 나를 다독였다.

『수필문학』 2021년 5월호

11월의 노래

나는 1년 중 좋아하는 때를 들라면 11월이다. 11월은 가을의 끝이기도 하지만 입동 절기가 든 초겨울이 시작하는 달이다. 길에 떨어진 가로수의 잎들은 갈색 톤의 수채화를 그려 놓은 것 같다. 발에 밟히는 잎들은 아무렇게나 흩어졌어도 보기에 추하지 않다. 이 무렵이 되면 시간의 속도감을 실감하게 되니 나이 든 사람들은 서글픈 감상에 젖기도 한다. 그러나 그와 같은 심리적 쇠락감(衰落感)으로 허무한 감정에 사로잡힐 필요는 없다. 오히려 겸허한 자세로 받아들인다면 영혼을 맑게 갖는 데 도움이 될 것이라는 생각이다. 세월의 흐름 따라 함께 흘러가지 않을 이 그 누구랴.

나에게 주어진 생을 나답게 살면서 되도록 감사한 마음은 잃지 않으려 한다. 혹 어려운 일을 당한다 해도 더 나쁜 일이 아닌 것이 감사한 일이다. 이만큼 살다보니 고난과 시련이 다가온다 해도 시간이 지나면 자연히 해결되기도 하지만 더 좋은 일이 기다리고 있다는 것도 알게 되었다. 기쁘고 즐거운 일만 계속된다면 감사함은 잊게 마련이다. 11월의 황혼녘에 내가 살아온 길에 앉아 사색하다 보면 지금 걷고 있는 노년의 길이 그리 외롭거나 절망스럽지는 않다. 나는 여기까지 살아오는 동안 개인이나 사회를 흠집 내는 어떠한 범죄에도 휩쓸리지 않아 평탄하고도 상스럽지 않은 일생을 보내게 된 것에 감사한다. 또한 효를 바탕으로 한 자녀들의 간섭을 받으면서 비교적 건강한 노년을 보낼 수 있으니 서글퍼 할 이유가 없다는 결론을 내렸다.

11월이라 해도 오후 다섯 시 무렵이 나는 더 좋다. 여름철이면 대낮이나 다름없는 시간대인데 11월에 들어서면 서쪽 하늘은 일찍 석양에 물들고 어두움은 빠르게 시작된다. 나에게 어둠이란 조명등 불빛에 비해서 포근하고도 안락한 마음을 갖게 한다. 먹이 활동이 분주하던 산새들도 이때쯤에는 고요한 적막 속에서 나래를 접고 휴식한다. 몸과 마음이 안락해지는 이 시간이 나는 참 좋다.

도심의 빌딩숲이라 해도 쉽게 밤으로 이어지는 현상은 산속이나 다름없다. 밤 경치는 농도 짙고 환상적인 디지털로 피어나고 하루 일과를 마친 사람들은 또 다른 활동으로 설레는 시간이기도 하다. 농사를 생업으로 삼는 이들이라면 곳간 속 추수 끝낸 작물을 흐뭇하게 바라보면서 안도하는 것도 바로 11월에 느끼는 충만함일 것이다. 11월은 초겨울의 을사년(乙巳年)스러움이 옷깃을 여미게 하지만 적당하게 데워진 거실 안 훈기는 안락한 정감을 느끼게 한다. 같은 열기라도 모든 생명체들을 괴롭히던 한여름 끈적거리는 무더위라는 불쾌감과 달리 따듯함이라는 쾌적함으로 육신과 정신에 적당한 만족감을 준다.

가로수의 잎들은 삭풍에 떨어져 쓸쓸함을 느끼게 할지라도 앙상한 빈 가지에 반짝이는 햇살이 있어 나는 11월을 좋아한다. 추수 끝난 빈 밭에 초겨울 무서리가 내리고 첫눈을 기다리는 청춘들의 소박한 기대감에 생동감과 낭만이 있어 좋다. 집을 떠나있던 자식들도 부모형제 간의 우애를 그리며 귀향을 꿈꾸는 귀소본능도 11월에 갖게 되는 인간의 진정성이 아닐까.

사방에 일찌감치 어둠이 깃드는 11월의 저녁, 나만의 공간에서 사념(思念)에 젖다 보면 영혼의 안식을 찾은 듯 평안한 마음이 든다. 서쪽 하늘 어디쯤엔선가 밀려오는 뜻 모를 슬픈 감정이 드는 것도 나에게는 감미롭다. 겨울이 다 가도록 잎사귀를 떨구지 않는 떡갈나무 숲길에 11월이 오면 가랑잎 부대끼는 소리와 겨울 산새의 노래는 초겨울에 듣는 산중의 교향악이다.

내가 앉아있는 거실 유리창 밖에 석양이 붉게 물든다. 이 자리에 앉아 나는 책을 읽기도 하지만 차를 마시면서 무념무상의 경지에 들 때가 많다. 저문 나이를 사는 내가 11월의 햇살을 받으면서 해야 할 무슨 다급한 일이 있으랴. 느린 템포의 실내음악이라도 들으면서 차를 마시거나 책을 읽는 일 외에는 그 무엇도 부질없는 일이다. 되도록 향이 은은한 국화차이거나 잘 숙성된 모과차가 제격이다. 이와 같은 분위기는 11월에 느낄 수 있는 그윽한 낭만이다. 거실 유리문으로 저녁노을이 밀려오고 따끈한 차 한 잔의 정취가 향기로운 11월도 내일모레면 끝난다.

  나는 산기슭 햇살 바른 곳에 작은집 한 칸 마련해 노후를 보내고 싶다. 내 육신이 가야 할 곳이 한 줌 흙 속이라 할지라도 지금도 나는 나무 향 흙냄새 풍기는 산간에 자리 잡게 되기를 꿈꾼다. 잘못 선택한 결정이나 잘못 걸어온 과거사에 대한 헛된 아쉬움 다 내려놓고 평안한 마음 하나만 데리고 산골 작은 오두막에 살아야지. 저녁 지은 파란 연기가 산골에 퍼지고 창호지 곱게 바른 여닫이문 밖에는 빨갛게 익은 홍시나무 두어 그루 심어 늦가을 저녁 하늘에 일찍 나온 초승달과 벗 삼아야지.

  잘 빚은 동동주 한두 잔에 취해 시상(詩想)에도 잠겨보고 가슴이 허허로운 날 읍내 서점의 신간 진열대에도 들러보면서 자적하는 삶을 살아 봤으면…. 강물이 흐르는 들길을 걸어 오두막 내 집으로 돌아오면 11월의 붉은 해는 서산마루에 걸리고 나를 기다리던 늙은 아내의 실없는 잔소리마저도 적연(寂然)한 분위기에 묻히고 말겠지.

  11월 끝 무렵의 저녁 햇살이 잠깐 만에 지나가고 어두워진 거리에 바람이 차게 분다. 오늘 밤엔 보일러의 온도를 좀 올려야 할 것 같다.

2016. 11.

출간을 축하하며

星山 **도한호**
전 침례신학대학교 총장
시인 · 국제PEN한국본부 이사

"내 이름자에는 받침이 없다. 이름을 말하려다 보니 내 성품을 공개하지 않을 수 없다. 나는 어떤 일을 빠르게 해 치워야 할 때도 급한 성격이 아니다 보니 꼼꼼한 면은 있어도 남들에 비해서 늦어지기 일쑤다."

위의 글은 수필가 도운 서대화(稻雲 徐大和)가 『수필문학』(2008년 5월호)에 발표한 「내 이름을 말한다」의 서두이다. 도운은 일찍이, 창간한 명문 수필전문지, 월간 『수필문학』을 통해 문단에 데뷔한 중견 수필가이다.

도운과 필자의 만남은 2022년이 저물 무렵, 내가 천광노 작가의 〈세종퇴비글방〉에 「화요담론」을 게재하면서부터 시작되었다. 나는, 매주 화요일마다, 이 글방에 글의 장르나 형식에 얽매이지 않고 자유롭게 쓴 글을 올리고 있다. 그런데, 글을 발표하기 시작한 지 달포가 지나도록 회원들의 반응이 없어서, 나의 글이 글방 논객들의 관심을 얻지 못하는 것이 아닌가 하고 고심하고 있을 때, 도운이 답글을 보내어

나를 격려해 주었다.

  도운에 이어서 다른 댓글이 달리기 시작하면서 빠짐없이 글을 올린 것이 벌써 회수로 55회가 지났다. 글의 내용과 성격을 떠나서, 도운은 내가 글을 올릴 때마다 격려의 글을 보내주고 있다. 필자는 도운이 올리는 답글을 보면서, 그가 세종시나 충남지역에 살고 있으리라 생각했는데 알고 보니 서울 쪽 먼 남양주시에 거주하고 있었다. 필자가 그렇게 생각한 것은 그가 올리는 창작 수필과 글을 읽을수록 친밀하고도 가깝게 느껴지기 때문일 것이다.

  서두에 인용한 그의 수필이 말하는 것처럼, '서대화'라는 그의 이름 석 자에는 받침이 없고, 그의 성, '徐'에는 천천히 하다, 평온하다는 의미가 있다. 글방에 올린 그의 수필과 답글 형식의 격려문들 역시 작가의 성품을 따라서 한결같이 포용하고 격려하고 위로하는 글들이다.

  필자가 읽은 도운의 글 중에 〈월요수필〉에 발표한 「잘못 배달된 문학」은 작가가 공동주택에 살 때 잘못 배달되어 온 『월간 에세이』를 받은 후의 그의 생각과 조용한 뒤처리를 소상하게 그려주었고, 평론과 전기 소설을 쓰는 천광노 작가가 박길림과 공동으로 집필한 실화소설 『늪지대 아리랑』에 대한 격려사, 그리고 세종특별시장의 특보로 활동하는 박희숙 앵커에게 보낸 부친의 병환에 대한 위안의 말, 자신의 건강문제를 다룬 그의 수필 「진찰받던 날」 등의 글에는 작가의 조용한 성품이 잘 나타난다.

나는, 삶의 이야기를 조용조용 풀어 쓴 그의 수필을 읽을 때마다, 이것이 수필이다, 하는 마음으로 읽었다. 그의 글에는 억지가 없어서 물 흐르듯 독자의 마음에 흘러들며, 그의 논리는 분명하며, 그는 또한 우리말 문법에도 정통하다. 도운의 글에는, 천천히, 양보적으로, 그리고 위로하고 격려하는 그의 인격과 삶이 적나라하게 스며있다. 재작년 연말에, 글방에 들어와서 만난 많은 문객과 교육자와 행정가 중에 특히 도운 같은 문우를 얻은 것이 필자에게는 큰 행운이다.

이 수필집이 많은 독자의 손을 옮겨 다니며, 분주하고 바쁜 삶 속에 조용하고 천천히 스며드는 삶의 향기를 전해 줄 것을 믿으면서 출간을 축하합니다.

한 폭의 수채화

2024년 3월 25일 초판 인쇄
2024년 3월 30일 초판 발행

지은이   서대화

발행인   강병욱
발행처   도서출판 교음사
편집   수필문학사

03147 서울 종로구 삼일대로 457 수운회관 1308호
Tel (02) 737-7081, 739-7879(Fax)
e-mail : gyoeum@daum.net
등록 / 제2007-000052호

* 잘못된 책은 바꿔 드립니다. 값 13,000원

ISBN 978-89-7814-975-4 03810

 -이 책 내용의 전부 또는 일부를 재사용하려면 저작권자와 교음사의 동의를
  받아야 합니다. 지은이와의 협의 하에 인지는 생략합니다.

- 이 책은 한국예술인복지재단의 창작지원금으로 제작되었습니다.